ErlebnisFreizeit

Ab ins Wochenende!

Die 25 schönsten Ziele in Norddeutschland

Elke Frey

BRUCKMANN

Inhalt

Die Morgensonne vergoldet den Kaiserstuhl auf der Insel Rügen.

»Die Peene brennt« – im Freilicht-Theater in Anklam

Norddeutsches Binnenland

Blick auf einen der schönen Kanäle in Papenburg

Einführung

Kraftquelle Wochenendausflug Endlich naht das freie Wochenende! Verdient hat man's, ganz gleich, ob die Arbeitswoche eher aufreibend, ganz gewöhnlich oder langweilig war. Ein Wechsel muss her, man will abschalten und sehnt sich nach Muße. Die Gedanken schweifen lassen und Neues für sich entdecken – das geht mit süßem Nichtstun genauso wie mit Gartenarbeit oder intensivem Lauftraining. Etwas Besonderes aber ist ein Wochenendausflug. So ein kurzer Tapetenwechsel ist eine herrliche Kraftquelle: Andere Luft schnuppern, einen neuen Ort kennenlernen oder eine längst bekannte Gegend nach langer Zeit wieder besuchen und mit neuen Augen sehen. Allein die Vorbereitung auf die Mini-Reise ist schon ein Teil des Vergnügens; vielleicht wird später die Erinnerung daran zu einem kleinen Schatz, an den man lebenslang zurückdenkt.

Aktiv reisen Wem gelingt es heutzutage schon unter der Woche, sich ausreichend zu bewegen? Da kommt das Wochenende wie gerufen, diesen Mangel auszugleichen. Selbstverständlich ginge das auch zu Hause – sonntags im Park spazieren gehen, die gewohnte Runde am Stadtrand joggen, radeln oder skaten. Doch neues, nicht alltägliches Terrain hat ein besonderes Plus: Erfahrungsgemäß geht man einfach mit offeneren Sinnen durch »Neuland«. Man ist auf einer Reise auch eher als zu Hause bereit, einmal etwas Unbekanntes auszuprobieren. Eine Kurzreise ist ideal dafür!

Wer sich eine Stadt erwandert, eine Landschaft erradelt, einen Wasserlauf erpaddelt, kann sich außerdem das Reiseziel regelrecht »einverleiben«. Aber auch Entdeckungen während einer Autotour sind nicht zu verachten: Oft genug kommt dann der Wunsch auf, sich die nur kurz »beschnupperte« Gegend beim nächsten Mal genauer anzuschauen, und man ist dann schon gut vorbereitet.

Das Buchkonzept Das Buch gibt Anstöße für ein aktives und anregendes Wochenendprogramm zu 25 Reisezielen in den drei Flächenländern im nördlichen Deutschland. Der Fokus liegt eher auf kleineren Orten und der besonderen Eigenart ihrer landschaftlichen Umgebung. Nimmt man eine Kleinstadt als Ausgangspunkt, so ist dies nicht selten mit dem angenehmen Nebeneffekt verbunden, dass hier das Preisniveau geringer ist als in großen Städten. Die ganz großen Städte Norddeutschlands tauchen unter den Vorschlägen gar nicht erst auf. »Bekanntschaft mit der Landschaft« ermöglichen die meisten Ziele – und keine

Internationales Flair am Hafen von Leer: Alljährlich erlebt die ostfriesische Stadt beim Internationalen Tourenskipper-Treffen eine große Fete an der Hafenpromenade.

Wer im Frühjahr durch Schleswig-Holsteins Mitte reist, erlebt das Farbenspiel von dunklen Wäldern, blauen Seen und knallgelben Rapsfeldern unter einem weiten Himmel.

Gegend ist wie die andere: Das mag sogar Norddeutsche erstaunen, selbst wenn sie sich schon recht intensiv mit ihrer Heimat befasst haben. Dieser Landstrich an Nord- und Ostsee und bis zu 250 Kilometer weit in Richtung Binnenland wird noch interessanter, wenn man auch ein wenig auf historische Spurensuche geht: Menschen siedeln hier seit Jahrtausenden, und meistens haben sie die Gegend bis heute mehr oder weniger sichtbar geprägt. Man macht also auch immer Bekanntschaft mit Geschichte und Kultur – und das ganz aktuelle touristische Angebot bildet einen interessanten Kontrast dazu. Da gibt es reichlich Überraschungen für jedes Lebensalter, für Familien, Gruppen oder Singles. Alle vorgeschlagenen Unternehmungen – wie Radtouren, Wattwanderungen, Skike-Kurse, Kanufahrten oder Schiffstouren, Theaterbesuche, Stadtrundgänge, Weihnachtsmarkt-Shopping oder auch der Besuch eines Wellness-Bads – entführen nachhaltig aus dem Alltagstrott und tun einfach gut.

Sportliche Aktivitäten Sportliche Höchstleistung ist hier nicht gefragt, sondern die Freude an der Bewegung geht einher mit dem Kennenlernen des Ausflugsziels. Beim aufmerksamen Gehen fallen Details besonders gut auf, beim Radeln schafft man größere

Distanzen und bekommt auf diese Weise einen Überblick in einer anderen Dimension. An mehreren Zielen wird beides empfohlen. Das flache Norddeutschland ist entschieden eine Gegend zum Radeln; in 60 Prozent der Touren kommt das Fahrrad zum Einsatz, das man sich praktisch überall ausleihen kann. Bei zehn der Ziele ist man wandernd unterwegs. Etwa ebenso häufig durchstreift man interessante Städte zu Fuß. Pflastermüde wird man dabei wohl kaum, denn einerseits sind die meisten Orte eher klein, andererseits wechseln bei den größeren Orten, wie Bremerhaven, Lüneburg und Lübeck, außerordentlich abwechslungsreiche Besichtigungen mit interessanten Pausen ab. Mehrmals wird ein Kanu oder Paddelboot als Fortbewegungsmittel empfohlen, aber auch Draisinefahren ist einmal angesagt, ebenso das noch weitgehend unbekannte Skiken. Angesichts des umfangreichen beschilderten Wegenetzes eigens für Pferdefreunde in der Lüneburger Heide ist natürlich Reiten eine der beschriebenen Aktivitäten. Baden, Schwimmen und jeglicher Strand- und Wassersport sind so selbstverständlich entlang den Hunderten von Uferkilometern in Norddeutschland, dass in dem Buch nur hin und wieder darauf hingewiesen werden muss: Badezeug gehört hier eben in jede Reisetasche!

Die beiden pendeln zuverlässig zwischen dem Festland und der winzigen Insel Helgoland in der Deutschen Bucht: ab Cuxhaven das gemütliche Seebäderschiff »Atlantis« und ab Hamburg in der Saison der Hochleistungskatamaran »Halunder Jet«.

Überaus anregend ist das flour art museum im mecklenburgischen Wittenburg mit seiner Sammlung von über 2000 Mehlsäcken mit künstlerischer Gestaltung.

Auto und Schiff Zwei längere Rundfahrten sind Autotouren: Von Lüneburg aus lernt man einerseits die eigenartigen Rundlingsdörfer des Hannoverschen Wendlands kennen wie auch die breite Elbtalaue, ein UNESCO-Biosphärenreservat. Und von der Feldberger Seenlandschaft aus durchfährt man nicht nur die typische norddeutsche, von der Eiszeit geprägte Landschaft, sondern besichtigt dabei auch drei interessante Städte von gänzlich unterschiedlicher Atmosphäre. Vor Ort hat man noch genügend Muße fürs Shopping, für Museumsbesuche oder vielleicht einen Wellness-Tag.

Zum wasserreichen Norddeutschland gehören Schiffstouren untrennbar dazu. Die Inseln lassen sich ohnehin am besten per Fähre erreichen, wie Borkum, Wangerooge, Helgoland oder Hiddensee, und die Fahrt dorthin ist schon ein Erlebnis. Aber auch viele der vorgeschlagenen Wander- und Fahrradtouren beginnen oder enden mit einer Schifffahrt. Auf vielen Schiffen kann man Fahrräder mitnehmen. Solch eine Kombination von »Landgang« und »Seereise« ist nicht nur erfrischend und erholsam, sondern bietet für ein und dieselbe Gegend überraschende, neue Perspektiven. Gerade das ruhige Dahintuckern auf dem Wasser, z. B. beim Seebrücken-Hopping auf Usedom oder der Rundfahrt vor Rügens Kreideküste, durch die vogelreiche Boddenlandschaft oder auf dem vielgestaltigen Fjord der Schlei, den die Wikinger schon befuhren, prägt sich der unverwechselbare Charme der jeweiligen Landschaft besonders intensiv ein.

Nostalgie-Eisenbahn und Kutsche Drei Nostalgie-Eisenbahnen in Mecklenburg-Vorpommern bilden einen Teil der vorgeschlagenen Routen: die beiden Klassiker »Molli« zwischen Bad Doberan und Kühlungsborn und »Rasender Roland« auf Rügen sowie die wiederaufgebaute Schmalspurbahn von Schwichtenberg. Auch sie tragen zu ungewohnten Ausblicken bei, geben ein anschauliches Bild vergangener Zeiten und machen vor allem viel Spaß.
Kutschen sind geradezu der Inbegriff eines altmodischen Verkehrsmittels – aber in der Lüneburger Heide, auf dem bei Niedrigwasser freiliegenden Meeresboden zwischen Cuxhaven und der Insel Neuwerk oder auf autofreien Inseln wie Hiddensee sind sie als Transportmittel kaum wegzudenken – und Großeltern mögen sie ebenso gern wie ihre Enkel.

Veranstaltungen Sport-, Spaß- und Kulturfeste werden als Touristenattraktionen mittlerweile so zahlreich beworben, dass man landauf, landab die Qual der Wahl hat. Auf einige eher ungewöhnliche Events wird hier hingewiesen: Wer traut der winzigen Insel Helgoland schon zu, dass dort alljährlich ein richtiger Marathonlauf stattfindet? Nur sporadisch kann man das Windjammer-

Diese warm eingepackten Ostfriesen geben Nicht-Friesen Rätsel auf: Zu den Ritualen des winterlichen Klootschießens gehört, dass »Bahnweiser« mit ihren Fahnenstangen den Feldspielern zeigen, in welche Richtung der nächste Wurf mit der Holzkugel (Kloot) auf der Freilandstrecke abgehen soll.

Mit dem Pferdegespann geht es über den Meeresboden zwischen Cuxhaven und der Insel Neuwerk! Wer das UNESCO-Welterbe Wattenmeer zu Fuß oder per Wattwagen erleben will, muss sich mit den Gezeiten vertraut machen.

Festival Sail Bremerhaven erleben, ein berauschendes Fest mit einer Unzahl nostalgischer Segelschiffe und viel seemännischem Drumherum. Die Drei Kaiserbäder auf Usedom kredenzen ihr »Grand Schlemm«: Neun Gänge mit kulinarischen Köstlichkeiten genießt man Station für Station bei einer Strandwanderung. Unter freiem Himmel findet im jeden Sommer in Anklam das witzige Theaterspektakel »Die Peene brennt« statt. Und was für ein Zuschauermagnet sind die Ufer der Ems, wenn mal wieder eines der supermodernen Kreuzfahrtschiffe die Meyer Werft in Papenburg verlässt! Pferdefreunde zieht es dagegen zur jährlichen Hengstparade nach Celle, und wer sich für jahrhundertealtes historisches Erbe begeistert, darf die traditionellen Wettkämpfe und Umzüge während der Sülfmeistertage in Lüneburg nicht auslassen. Doch immer sind die beschriebenen Wochenendziele auch ohne Event eine Reise wert.

Reiseorganisation Betrachten Sie die Angaben zu Unterkünften, Einkehr-Vorschlägen, Touristinformationen und Besichtigungsstätten als einen ersten Hinweis für Ihre Wochenendreise. Die Daten wurden zwar sorgfältig recherchiert, aber prüfen Sie dennoch für Ihre persönliche Reiseplanung, ob sich nicht nach der Drucklegung des Buchs eine Änderung ergeben hat. Sie werden Ihre eigene Reise viel intensiver erleben, wenn Sie sich schon vorab um einige Details kümmern!

Die Tourismussaison für Aktivitäten im Freien reicht in Norddeutschland meist von April/Mai bis Oktober, Hauptsaison ist während der Sommerferien. Zwischen Weihnachten und Neujahr gelten an vielen Orten der Küste Hauptsaisonpreise. Die hier angegebenen Unterkünfte liegen weitgehend im mittleren Preissegment und dienen nur als erster Anhaltspunkt. Alle Touristikämter versorgen Sie mit aktuellen Informationen zum gesamten Angebot vor Ort. Das norddeutsche Küstenland mit seinen Inseln ist begehrtes Ausflugsziel zur Hauptsaison – buchen Sie hierfür Unterkünfte und ggf. auch Fähren im Voraus! Daraus lässt sich auch ableiten: Wer die Ruhe liebt und nebenbei Geld sparen will, hat oft eher Glück in der Neben- und Außersaison.

Besorgen Sie sich exaktes Kartenmaterial für Ihr Wochenendziel – die Kärtchen im Buch dienen nur als Orientierung, damit Ihre Reise schon in Ihrer Vorstellung Gestalt annimmt. Und nun: Ab ins Wochenende! Und allzeit gute Fahrt!

Wo heute Schafe friedlich grasen, verhindert der hohe Seedeich, dass das Meer in die Marsch eindringt. In dieser stillen Landschaft unter dem weiten Himmel teilen sich Radler die Wege oft nur mit den Deichschafen.

Die Rügenbrücke quert seit 2007 den Strelasund und führt dreispurig von der Hansestadt Stralsund (im Hintergrund) auf die Insel Rügen.

Die Ausflüge

1 Ganz Sylt per Rad – und das Rote Kliff zu Fuß

Ausflugsart
Radtour, Wanderungen
Ausflugsdauer
2–3 Tage
Ausgangs-/Endpunkt
Westerland
Bevorzugte Monate
Juni–September
Anfahrt
Bahn: IC-Endstation, Regionalbahn stündlich ab Hamburg; Auto: ab Niebüll A 7, B 199, dann ca. stündl. Reisezug SyltShuttle Westerland; Autofähre: Rømø-Sylt-Fähre, Havneby/Dänemark – List/Sylt tägl. bis zu acht Abfahrten; Flug: Direktflüge April–Okt. von ca. 10 deutschen Flughäfen
Karten
Insel Sylt, Amtliche Wander- und Freizeitkarte 1:25 000
Einkehr
Westerland: Oase, Rantumer Str. 333, Tel. 04651/15 70, www.oase-sylt.de, Feb.–Dez. tägl. ab 10 Uhr; Die Seekiste, Käpt'n-Christiansen-Str. 9, Tel. 04651/225 75, www.seekiste-sylt.de, ab 17 Uhr
Hotelvorschläge
Westerland: Hotel Amselhof, Amselweg 7, Tel.04651/823 70, www.hotel-amselhof.de; Gästehaus Jutta Wehrmann, Kjeirstr. 28, Tel. 04651/836 08 80, www.gaestehaus-wehrmann.de
Information
Sylt-Marketing, Stephanstr. 6, 25980 Westerland, Tel. 04651/820 20, www.sylt.de; Tourismus-Service Westerland, Strandstr. 35 Tel. 01805/00 99 80, www.westerland.de

Sylt ist bekannt als »Insel der Reichen und Schönen« und Hochburg des Partylebens, aber genauso ist Deutschlands nördlichste Insel ein Mekka für Sport- und Naturbegeisterte. Ideale Fahrradwege erschließen Sylts Landschaften – und wem die Puste ausgeht, dem hilft der Radtransport auf Sylter Bussen. Ein Spaziergang am Roten Kliff mit Weitblick aufs Meer ist zu jeder Jahreszeit ein dramatisches Naturerlebnis.

Sylter Verkehrs-Gesellschaft, Tel. 04651/83 61 00, www.svg-sylt.de

Spaziergang am Roten Kliff Von der zentralen **Friedrichstraße** in **Westerland** gelangt man zur **Strandpromenade** und wandert einfach nordwärts drauflos. Auch wenn in der warmen Jahreszeit das Leben unten am Strand nur so wuselt – die einzelnen Strandabschnitte sind sorgfältig eingeteilt, und an jedem Strandzugang wird die Kurkarte kontrolliert. Hat man die **Musikmuschel** an der Promenade und das Freizeitbad **Sylter Welle** am Hochufer passiert, beginnt kurz darauf das weltberühmte **Surfgebiet** der Insel, wo alljährlich der **Windsurfing World Cup Sylt** mit den weltbesten Surfern ausgetragen wird, mit rauschenden Partys im

Hinterland. Wer will, wechselt von der Promenade auf den gut begehbaren, feuchten Strand direkt an der Wasserkante und lässt sich den Wind um die Nase wehen. Die Strandabschnitte werden ein wenig stiller, bis man das beliebte Familienbad **Wenningstedt-Braderup** erreicht (3 km ab Westerland).
Hier sollte man vor Sonnenuntergang weiter nordwärts laufen: Der flache Badestrand endet am markanten **Roten Kliff**, dessen eher grau-gelblicher Sand aber bei Abendsonnenschein einen kräftigen Schuss Rot erhält. Nach gut einem Kilometer winkt die Strandterrasse des Kult-Restaurants Wonnemeyer.

■ **Einkehr** Wonnemeyer, Strandstr. 1, Wenningstedt-Braderup, Tel. 04651/452 99, tägl. ab 11 Uhr

Man kann entweder hier den Aufgang zur Oberkante des Kliffs nehmen oder erst auf der Höhe von **Kampen** nach gut 1 km Strandwanderung. Ganz Eifrige gehen ein Stück landeinwärts und erklimmen die gut 100 hölzernen Stufen zur **Uwedüne** bis zur Aussichtsplattform in 52 m Höhe: der höchste »Gipfel« von Sylt. Ein herrlicher **Wanderweg am Rand des Kliffs** und durch die Dünen führt südwärts nach Wenningstedt. Auf dem Strandweg oder per Bus gelangt man nach Westerland zurück.

Radtour durch den Norden und Osten (55 km) Der Radweg nach Norden führt vom Bahnhof durch die Inselmitte: Man passiert Flughafen und Golfplatz und besucht in **Wenningstedt** nördlich des **Dorfteichs** das begehbare Großsteingrab **Denghoog** aus der Jungsteinzeit. Damals war Sylt noch ein Teil des Festlands.

■ **Besichtigung** Denghoog, Tel. 04651/328 05, www.soelring-foriining.de, Ostern–Okt., Mo–Fr 10–17, Sa, So, Fei 11–17, sonst n. V. Do 13–14 Uhr

Nach nur zwei weiteren Kilometern ist das Zentrum von **Kampen** erreicht. Einmal sollte man den **Strönwai** abwandern, der auch den vielsagenden Spitznamen »Whiskeystraße« trägt: In dieser kurzen Flanier-

Wandern auf dem herrlichen Kliffrandweg.

Linke Seite: Das Rote Kliff im Abendschein.

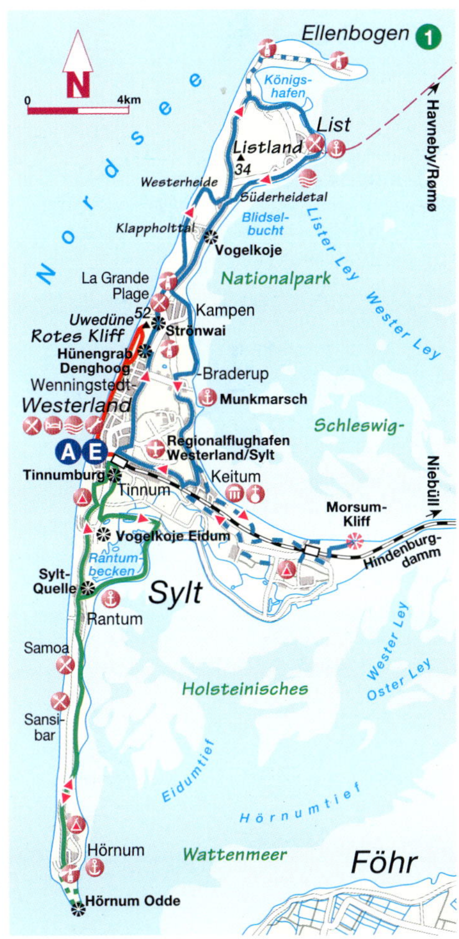

Naturgewalten an der Nordfriesischen Küste

Sturmfluten schufen die Nordfriesische Inselwelt, die nun wie ein Schutzwall vor dem heutigen Festland liegt; die Mitte der Insel Sylt ist ein Stück des früheren Festlands. Sylts Westküste ist am stärksten Wind und Wetter ausgesetzt, fast ständig nagt der Seewind am sandigen Kliff, und heftige Winterstürme brechen ganze Partien aus der 30 m hohen Kliffwand. Schon viele Kilometer Land hat die Nordsee fortgeschwemmt und den Sand im Norden und Süden von Sylt wieder abgelagert: So erklärt sich die auffällige Länge der Insel. Jährlich werden zwischen Mai und Oktober für über 6 Millionen Euro an bestimmten Stellen vor der Westküste ca. eine Million Kubikmeter Sand aufgespült – das bremst die Kraft der Wogen und ersetzt annähernd die abgetragene Sandmenge.

straße stellt sich das teure Kampen mit schicken Boutiquen, Szenekneipen und Nachtklubs vor (auf der Rückfahrt wird man das idyllischere Kampen kennenlernen!). Ein weiterer In-Treff ist am Weststrand das Bistro **La Grande Plage**: Partys, Sauna mit Meerblick, herrliches Strandpanorama ...

■ **Einkehr** La Grande Plage, Riperstig, 25999 Kampen, Tel. 04651/88 60 78, www.grand-plage.de, Bistro tägl. ab 12, Sauna Do–Mo 12–18 Uhr
■ **Tourist-Information** Hauptstr. 12, Kampen, Tel. 04651/469 80, www.kampen.de

Vom Radweg auf der **Trasse der 1970 stillgelegten Inselbahn** durch die Heide- und Dünenlandschaft des **Klappholttals** wechselt man in **Westerheide** zur Straße durch das Naturschutzgebiet **Listland**. Spektakulär ist die 1 km lange und 30 m hohe vegetationslose **Große Wanderdüne**. Die Wüstenlandschaft macht durstig, als Rettung winkt das Kiosk-Restaurant **BamBus**, legendär wegen seiner Vollmondpartys (Bushaltestelle »Weststrand 13«, Tel. 04651/87 13 60, www.bam-bus.de, Mai–Okt.). Einsam wird es auf dem **Ellenbogen**, einem 5 km langen Dünenhaken im äußersten Norden (Mautstraße für Autos).
Der nördlichste Ort Deutschlands **List** hat eine moderne Fährverbindung zur dänischen Insel **Rømø**. Viel besucht ist der Platz am **Lister Hafen**: Ein Fischbrötchen bei **Gosch** oder einem der Fischrestaurant-Kollegen ist hier ein Muss! Das moderne **Erlebniszentrum Naturgewalten** veranschaulicht die Kräfte des Meeres und des Klimas und macht die Natur der Insel Sylt auf interessante Weise für jedermann verständlich.

Entlang der Landstraße List–Kampen lohnt die **Vogelkoje Kampen** einen Stopp, um die traditionelle Art des Wildentenfangs (vor ca. 100 Jahren waren es jährlich ca. 25 000 Enten!) und das dortige Restaurant kennenzulernen.

Einsamer Leuchtturm in den Dünen des Ellenbogens

■ **Einkehr** Vogelkoje Kampen, Lister Str. 100, Tel. 04651/952 50, www.vogelkoje.de, tägl. ab 9 Uhr
■ **Besichtigung** Tel. 04651/87 10 77, www.soelring-foriining.de, April–Okt. Mo–Fr 10–17, Sa, So, Fei 11–17 Uhr

In Kampen sollte man jetzt durch die Villenstraßen auf der Wattseite des Dorfs radeln – die Grundstückspreise gehören hier zu den teuersten Deutschlands. Im Gartenrestaurant **Kupferkanne** lässt sich der schöne Meerblick noch mit Kaffee und Kuchen veredeln.

■ **Einkehr** Kupferkanne Kampen, Stapelhooger Wai 7, Tel. 04651/410 10, www.kupferkanne.de, tägl. ab 10 Uhr

List

■ **Besichtigung** Erlebniszentrum Naturgewalten Sylt, Hafenstr. 37, List, Tel. 04651/83 61 90, www.naturgewalten-sylt.de, Juli, August tägl. 10–20, sonst 10–18 Uhr
■ **Tourist-Information** Landwehrdeich 1, List, Tel. 04651/952 00, www.list-sylt.de

Immer das Wattenmeer im Blick hat man bei der Fahrt durch die herbe **Braderuper Heide**, im Hafen **Munkmarsch** und am schattigen Uferweg von **Keitum**. Dies ist mit seinen reetgedeckten Fachwerkhäusern das ursprünglichste und hübscheste Dörfchen Sylts. Der Sylter Heimatverein **Sölring Foriining** sorgt hier für umfassende Kultur-Informationen im **Altfriesischen Haus** (u. a. Kunsthandwerk-Vorführungen) und dem **Sylter Heimatmuseum** nebenan (Museumsweg, Mo–Fr 10–17, Sa, So, Fei 11–17 Uhr). Die Keitumer **Kirche St. Severin** (Pröstwai 20, Tel. 04651/317 13, www.st-severin.de) ist weithin für ihre Konzerte auf Nordfrieslands größter Kirchenorgel (Mi 20.15 Uhr) berühmt.

Naturfreunde lassen sich vor der Rückkehr nach Westerland den Abstecher zum einsamen **Morsum-Kliff** (das letzte Stück nur zu Fuß) nicht entgehen, der durch die grünen Dörfer in Sylts Osten und dann durch karges Heideland führt (15 km extra).

Auf Sylt radelt sich's gut auf den Strecken der aufgelassenen Inselbahn.

Radtour bis zur Südspitze (45 km)

Das städtische Westerland geht südöstlich vom **Bahnhof** bald in Grünland über: Auf dem Weg zum dörflichen Tinnum biegt man südwärts zur **Tinnumburg** ab. Am grasbewachsenen **Ringwall** kann man miträtseln: germanische Kultstätte vor 2000 Jahren und 700 Jahre später eine Wikingersiedlung? Südwestwärts durch grünes Wiesenland gelangt man zum **Rantum-Becken**, das ein 9 km langer **Deich** umgibt. Was einst als

Etwas für Spaziergänger, die Ruhe suchen, ist Sylts Wattseite südlich des Rantumer Beckens.

Landeplatz für Wasserflugzeuge gedacht war, wurde mittlerweile zum Lebensraum seltener Wasservögel wie Säbelschnäbler, Brandgänsen und Löffelenten. Die **Vogelkoje Eidum** (nördlich des Klärwerks) ist zu besichtigen.

■ **Besichtigung** Vogelkoje Eidum, Hegering Sylt, Tel. 0171/216 78 87 oder 0172/402 12 89, Mitte Mai–Mitte Okt. Mo 10–12, Di, Do 14–16, Mi, Fr 16–18 Uhr)

Während der Fahrt auf dem Deich rund um das Becken schaut man in Richtung Festland und auf die Insel Föhr; je nach Tide sind hier im **Nationalpark Schleswig-Holsteinisches Wattenmeer** Wasser oder trocken gefallene Wattflächen zu sehen. Am kleinen **Hafen von Rantum** gibt es ein paar maritime Geschäfte und eine Strandkorb-Manufaktur. Nur wenig landeinwärts sind bei der **Sylt-Quelle** das Abfüllen von Tafelwasser und Kulturveranstaltungen eine interessante Verbindung eingegangen: Pause machen bei schöner Aussicht, Wasser zapfen und das Programm studieren!

■ **Einkehr** Sylt-Quelle, Hafenstr. 1, Rantum, Tel. 04651/920 30, www.sylt-quelle.de, tägl. ab 10 Uhr

Von **Rantum** aus südwärts führt der Radweg zwischen Wattenmeer und Hauptstraße entlang der ehemaligen **Inselbahntrasse** durch Dünen- und Heideland bis in den südlichsten Ort der Insel, **Hörnum**.

■ **Einkehr** Strandrestaurant Kap Horn, Süderende 24, Tel. 04651/88 15 48, www.kap-horn-sylt.de, 11 Uhr bis Sonnenuntergang
■ **Tourist-Information** Rantumer Str. 20, Hörnum, Tel. 04651/962 60, www.hoernum.de

Eine neue Ära ist für den früher etwas tristen Ort angebrochen: Auf früherem Kasernengelände entstanden ein Golfplatz und ein Fünf-Sterne-Hotel. Hübsch ist der kleine **Hafen**, wo Schiffstouren und eine Fähre zu den Nachbarinseln abgehen. Der **Leuchtturm** ist als Einziger auf Sylt zu besichtigen (n. V. Tourist-Information). Wer die Einsamkeit liebt, ist an der naturgeschützten Südspitze **Hörnum Odde** am rechten Ort, von wo man die nahen Inseln Föhr und Amrum sieht. Will man das Naturschutzgebiet am Strand zu Fuß umrunden, sollte man sich in Hörnum nach möglichen Küstenveränderungen erkundigen und unbedingt den Tidenkalender vorher studieren!
Für die Rückfahrt bis Rantum ist man auf denselben Radweg angewiesen, aber für Abwechslung dürften Stopps bei den Parkplätzen **Sansibar** oder **Samoa** sorgen: Hier gelangt man zu Strandabschnitten an der **Westküste**, die dank ihrer Kult-Restaurants Furore machen. Draußen im Meer vor der Sansibar liegen hin und wieder sogar Kreuzfahrtschiffe vor Anker, damit die Gäste, die mit kleinen Booten an den Strand gefahren werden, echtes Sylt-Feeling und natürlich die Kreationen von Barkeeper und Küchenchef des berühmten Strandrestaurants genießen können.

■ **Einkehr** Sansibar, Hörnumer Str. 80, 25980 Rantum, Tel. 04651/96 46 46, www.sansibar.de, ab 12.30 Uhr; Samoa-Seepferdchen, Hörnumer Str. 70, 25980 Rantum, Tel. 04651/55 79, www.samoa-seepferdchen.de

Ab Rantum verläuft der Radweg westlich der Straße, und nach so viel Dünen- und Heideland freut man sich, am Stadtrand von Westerland auf das kleine **Südwäldchen** zu stoßen.

Beste Aussichten hat man vom Hörnumer Hafen: Hier stechen Ausflugsschiffe in See und die Expressfähre startet zweimal täglich durch die Insel- und Halligwelt. Den weitesten Überblick hat man vom Hörnumer Leuchtturm.

2 Helgoland – mehr als nur für einen Tag

■ Ausflugsart
Wanderungen, Besichtigungen
■ Ausflugsdauer
2–3 Tage
■ Ausgangs-/Endpunkt
Helgoland
■ Bevorzugte Monate
Juni/Juli, Dezember/Januar
■ Anfahrt
Fähren im Sommer ab Büsum: www.rahder.de, www.helgolandreisen.de; Hamburg, Wedel und Cuxhaven: www.helgoline.de; Wilhelmshaven: www.helgolandlinie.de. Okt.–April ab Cuxhaven: www.helgolandreisen.de; Saison-Linienflüge: Bremerhaven, Cuxhaven/Nordholz, Heide/Büsum: Tel. 0471/771 88, www.olt.de; Harle: Tel. 04464/948 10, www.inselflieger.de; Hamburg Tel. 040/70 70 88 90, www.air-hamburg.de
■ Karten
ADAC Stadtplan Cuxhaven mit Helgoland
■ Einkehr
Bunte Kuh, Hafenstr. 1013–1018, Tel. 04725/81 13 43.
■ Hotelvorschläge
Rooad Weeter, Am Falm 323, Tel. 04725/535, www.rooadweeter.de; Atoll Ocean Resort, Lung Wai 27, Tel. 04725/80 00, www.atoll.de
■ Information
Lung Wai 28 (Rathaus), Tel. 04725/814 30, www.helgoland.de

Ein unvergleichliches Gefühl: weit draußen in der Nordsee auf der kleinen Insel stehen, am Rand des hohen, roten Felsenkliffs, in der Ferne zieht ein Schiff vorüber. Nur die Vögel haben hier das Sagen, sonst ist es still. Wer Helgoland so erleben will, muss auf der Insel bleiben, nachdem die Tagesgäste sie verlassen haben. An einen Helgolandbesuch im Winter denken die Wenigsten, aber gerade dann hat man bei milder Seeluft die Insel für sich, und die Robbenbabys lassen sich aus nächster Nähe betrachten.

Ankunft auf der Hauptinsel In der Saison ankern die **Seebäderschiffe** auf der **Reede** ❶. Und die offenen, hölzernen **Börteboote**, in denen 40–50 Personen Platz finden, befördern die Passagiere rasch und sicher zur **Landungsbrücke** ❷. Wer mit einem **Katamaran** wie dem »Halunder Jet« im **Südhafen** ❸ einläuft (im Winter macht hier auch das Seebäderschiff aus Cuxhaven fest), geht direkt an Land. Beim kurzen Bummel zur Landungsbrücke passiert man die bunte Zeile der **Hummerbuden** ❹, einst kleine, stabile Holzhäuser, in denen Helgoländer Fischer ihre Fangutensilien verstauten. Die nachgebauten, modernen Häuschen beherbergen heute Kneipen, Geschäfte und Galerien, den **Verein Jordsand**, der regelmäßig Naturführungen anbietet (Nr. 35, Tel. 04725/77 87, www.jordsand.de), und den **Museumsverein** (Nr. 38/39), in dessen stilvoller »Bude« sich Brautpaare das Ja-Wort geben können.
Auf dem Platz vor der Landungsbrücke ist **August Heinrich Hoffmann von Fallersleben** (s. S. 141) mit einer **Büste** ❺ verewigt: Er dichtete 1841 auf dem damals englischen Helgoland das »Lied der Deutschen«, das zum Text für die deutsche Nationalhymne wurde.

Geschichte Helgolands

Die im 8. Jh. n. Chr. eingewanderten Friesen hinterließen die heute noch gepflegte helgoländische Sprache. Vom 12. bis ins 19. Jh. war Helgoland in dänischer oder schleswig-holsteinischer Hand. 1807 bis 1890 war die Insel britisch, danach deutsch. Der Ausbau Helgolands als Seefestung zur Kaiserzeit und die militärische Nutzung unter den Nazis führten in den Weltkriegen zur Evakuierung der Bevölkerung und zu schweren Schäden an der Insel; bis 1952 war sie Bomben-Abwurfziel der Engländer. Seit dem 1.3.1952 ist sie wieder deutsch; die Helgoländer konnten zurückkehren und feiern diesen Tag seitdem alljährlich.

Wer nach Helgoland fliegt, kommt auf der kleinen Düne (Vordergrund) an. Wer mit dem Schiff fährt, erreicht die rote Felseninsel (Hintergrund) direkt.

Auf dem Oberland Zu Recht strömen viele der Tagesgäste gleich nach Ankunft rasch durch die Hauptstraße Lung Wai des **Unterlands**, vorbei am schlichten **Rathaus** ❻, vergleichen die Preise des zoll- und steuerfreien Angebots der Geschäfte und nehmen kurz darauf den Lift oder die Treppe ins **Oberland**. Von hier oben genießt man das großartige Panorama von Unterland, Hafen, Reede, Düne und dem endlosen Meer; ein paar Cafés machen den Ausblick noch angenehmer.

■ **Einkehr** Terrassencafé Krebs, Norderfalm 322a, Tel. 04725/81 11 63

Der 3 km lange **Klippenrandweg** führt anfangs durch üppige **Kleingärten** ❼, dann zwischen den Rinder- und Schafweiden der grünen, hügeligen Hochfläche (höchster Punkt: 61 m) und dem Steilhang entlang. Am Nordwestende ragt Helgolands Wahrzeichen, der einzeln stehende Fels **Lange Anna** ❽, auf, in der Zeit zwischen März und September Heimat von Tausenden von Klippenbrütern, hier vor allem **Dreizehenmöwen**. Nebenan, am **Lummenfelsen** ❾, »wohnen« vor allem **Trottellummen**, die auf den ersten Blick wie kleine Pinguine wirken; ihre Nachbarn sind die eleganten, großen **Basstölpel**.

Besichtigungen im Unterland An der **Kurpromenade** steht das sehenswerte **Aquarium der Biologischen Anstalt** ❿, dessen 19 Becken die Unterwasserwelt rund um Helgoland enthalten. Hier erfährt man auch alles zum Erhalt des selten gewordenen **Helgoländer Hummers**.

■ **Aquarium,** Kurpromenade 201, Tel. 04725/81 92 28, www.awi.de, April–Okt. Mo–Fr 10–17, Sa, So, 13–16 Uhr, sonst n. V., s. a. Aushang

Linke Seite:
An der »Alten Liebe« in Cuxhaven liegen die bewährten Helgolandschiffe »Atlantis« und »Funny Girl«.

Vogelparadies Helgoland

Helgoland besitzt Deutschlands einzige Kolonie von Klippenbrütern. Die Insel bekommt Besuch von Zugvögeln, darunter vielen seltenen. Bisher wurden 427 Arten gesichtet. Die über 100-jährige **Vogelwarte Helgoland** beringt jährlich an die 100 000 Vögel (Fanggarten-Führungen Mitte März–Mitte Okt. Di, Fr 16.30 Uhr, sonst n. V. Tel. 04725/640 20). Die **Lummentage** locken Ende Juni viele Vogelfreunde auf die Insel: Die wenige Wochen alten, noch nicht flugfähigen Lummenjungen lassen sich von der hohen Klippe herabfallen (»Lummensprung«), um dann schwimmen und tauchen zu lernen. Tipps zur Vogelbeobachtung gibt die **Ornithologische Arbeitsgemeinschaft Helgoland** unter www.oag-helgoland.de.

Die eleganten schwarz-weißen Trottellummen brüten in Deutschland nur auf den Helgoländer Felsen. Nach der Brutzeit verschwinden sie bis zum nächsten Frühjahr.

Den **Nordosthafen** gegenüber sollte man sich schon mal vormerken als Abfahrtstelle für eine **Börteboot-Fahrt rund um die Insel** (tägl. 10 und 13.45 Uhr) mit großartigen Perspektiven auf die Felsen. Im modernen **Meerwasserschwimmbad Mare Frisicum** ⓫ mit dem Spa Helgoland gibt es von Aquafit bis Massagen und Sauna alles, was dem Körper guttut. Das **Museum** in der **Nordseehalle** ⓬ zeigt helgoländische Natur, Geschichte und Kultur. Sehr anregend ist der **Museumshof** mit seinen bunten Hütten im Stil der Hummerbuden; der umfangreichste Teil ist dem Schriftsteller **James Krüss** (1926–1997) gewidmet. Der gebürtige Helgoländer hat mit seinen Geschichten die Insel weltberühmt gemacht.

■ **Museum,** Kurpromenade, Tel. 04725/12 92, www.museum-helgoland.de, Di–So 10–14.30 Uhr; **Bunkerführungen** über die Geschichte der Seefestung Helgoland durch den Museumsverein, Anmeldung bei der Tourist-Information

Besuch auf der Düne Alle halbe Stunde tuckert die kleine Dünenfähre von der Landungsbrücke zum **Dünenhafen** ⓭. Die **Düne** ist der letzte Rest der weißen Kalk-Klippe, die bis 1721 mit der ro-

In der Einsamkeit mitten in der Nordsee: Robinsonurlaub auf Helgolands Düne.

ten Insel zusammenhing – Kalkabbau und Sturmfluten führten zur Teilung in zwei Inseln. Auf dem nur 70 ha kleinen flachen Eiland liegt Helgolands **Flugplatz** ⓮, Helgoland-Fans übernachten in Zelten oder in den Bungalows der stillen Dünenlandschaft. Der bewachte **Südstrand** ⓯ mit Restaurant ist ein echtes Schwimm-Paradies, der **Nordstrand** ⓰ eine Naturattraktion: Dutzende von **Kegelrobben** bringen hier im Winter ihre Jungen zur Welt. Nirgendwo an der Nordsee kommt man den Tieren so nahe, zu denen sich zeitweilig auch **Seehunde** gesellen.

■ **Einkehr** Dünenrestaurant, Südstrand, Tel. 04725/544, März–Okt. ab 10.30 Uhr

Einige Helgoländer Events:

Anfang Mai: **Helgoland-Marathon** – in vier Runden um die Insel

Ende Mai: **Nordseewoche** – hochkarätige Segelregatten nach und um Helgoland

Mitte Juni: **Knieperwoche** – Gastronomie kredenzt Taschenkrebs-Scheren

Ende Juni/Anfang Juli: **Lummentage** – Vogelfreunde beobachten den Lummensprung; **SingAkademie-Woche** (www.helgoland.de/veranstaltungen/singakademie.html)

August: **Störtebeker Optimisten-Cup** – Meisterschaft der jüngsten Segler in der Optimisten-Klasse

September: **Bridge-Woche**

Mitte Oktober: **Helgoländer Vogeltage** – Treffen von Ornithologen

November, Dezember: **Robbenbabys werden geboren** – Jungtiere sind bestens zu beobachten

3 Wandern über den Meeresboden von Cuxhaven nach Neuwerk

Die einsame Insel Neuwerk nahe Cuxhaven, vor allem aber die Wanderung zu ihr vom Festland über den trocken gefallenen Meeresboden, ist ein unvergessliches Erlebnis im UNESCO-Welterbe Wattenmeer. Zweimal täglich taucht die nur scheinbare Einöde des Wattbodens aus dem Wasser auf, und es wimmelt darin vor Lebewesen. Fährt man dann mit dem Schiff zum Festland zurück, hat sich die Landschaft wieder in ein Meer verwandelt.

Ausflugsart
Wanderung, Schifffahrt

Ausflugsdauer
2 Tage

Ausgangs-/Endpunkt
Cuxhaven

Bevorzugte Monate
Juni–September

Anfahrt
Bahn: stündl. ab Hamburg oder Bremen; Cuxhaven-Bahnhof – Sahlenburg: Bus 1002 Mo–Fr stündl., Sa, So alle 2 Std.; Auto: A 27, B 73

Karten
Neuwerk 1:12 500, Nationalpark Hamburgisches Wattenmeer 1:100 000, Beh. f. Stadtentwicklung und Umwelt Hamburg

Einkehr
Neuwerk: Otto's Gartenlokal, Haus 12 (Platz am Leuchtturm), Tel. 04721/295 40; Zum Anker, Haus 21, Tel. 04721/295 61, www.inselneuwerk.de

Hotelvorschläge
Hotel Beckröge, Dohrmannstr. 9, 27472 Cuxhaven, Tel. 04721/569 10, www.hotelbeckroege-cuxhaven.de; Pension Leuchtturm Neuwerk, Leuchtturm 1, 27499 Hamburg-Neuwerk, Tel. 04721/290 78, www.nationalpark-hamburgisches-wattenmeer.de

Information
Cuxhavener Str. 92, 27476 Cuxhaven, Tel. 04721/40 42 00, http://tourismus.cuxhaven.de

Sicher von Cuxhaven durchs Watt nach Neuwerk wandern Von **Cuxhaven** aus ist die gut 10 km entfernte Insel **Neuwerk** meist sichtbar. Wattwanderern sei die Route vom Festland zur Insel empfohlen, denn so hat man immer als markantes Ziel den mittelalterlichen **Turm von Neuwerk** vor Augen. Anfänger sollten den kürzeren Weg, den ca. 10 km langen von **Sahlenburg** aus nehmen (ab DLRG-Rettungsstation), ein paar Kilometer mehr sind es vom Cuxhavener Stadtteil **Duhnen**. Beide Wege, die sich nach wenigen Kilometern vereinigen, werden alljährlich zu Anfang der Saison mit Pricken (Reisigbäumen) markiert. Der Tidenhub beträgt in dieser Gegend etwa 3 m; die Reisigbüschel sind bei Hochwasser verschwunden. Unterwegs kommt man an einigen mehrere Meter

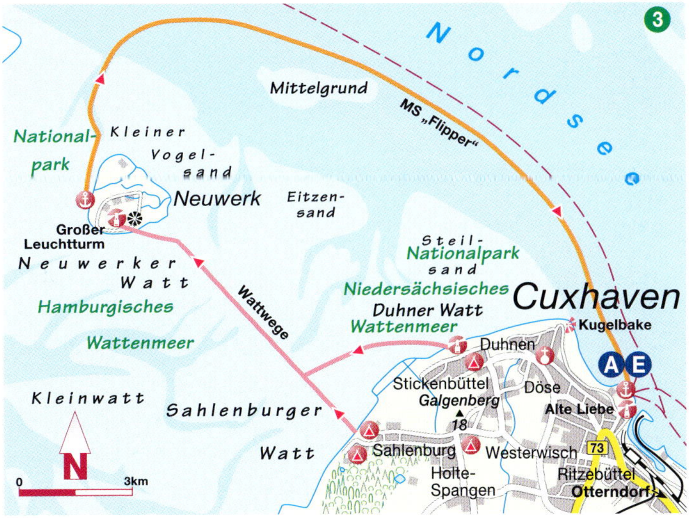

hohen stählernen Rettungsbaken vorüber, auf denen verirrte Wattwanderer in äußerster Not Schutz finden. Zur Sicherheit startet man 2,5 Std., spätestens 1,5 Std., vor Niedrigwasser, so ist man auf der ca. 2,5 Stunden dauernden Wanderung ziemlich genau während der niedrigsten Wasserstände unterwegs (am Ende der Ebbe und zu Beginn der Flut). Wichtige Tipps: Nur bei klarer Sicht wandern und niemals allein gehen; Uhr, Kopfbedeckung und Fernglas mitnehmen, barfuß laufen oder die Füße gegen scharfkantige Muscheln mit alten Socken oder leichten Turnschuhen schützen.

Im Watt Die endlose, graubraune Ebene aus feuchtem Schlick und Sand, die zweimal in 24 Stunden aus dem Meerwasser auftaucht, ist das Zuhause von Abermillionen größerer bis winziger Lebewesen. Geht man mit einem **Wattführer**, wird der auf viele Spuren im Boden hinweisen, z. B. die »Sandwürstchen« der **Wattwürmer** oder die Löcher von **Bohrmuscheln**. Oder man erfährt, wie gewitzte **Vögel** die im Schlick vergrabenen **Herzmuscheln** an die Oberfläche locken: einfach ein bisschen auf dem Boden herumtrampeln! Viele Vögel – wie **Austernfischer**, diverse **Möwen**, **Regenpfeifer** oder **Strandläufer** – sind jetzt unterwegs, denn für sie ist die offen daliegende Wattfläche eine riesige Speisetafel. Jetzt müssen sie zulangen, denn in ein paar Stunden ist das Buffet von Wasser bedeckt! Der Prickenweg verläuft nicht schnurgerade, sondern führt über die höchsten Stellen des nur scheinbar tisch-

Linke Seite: Im Watt vor dem Strand von Duhnen läuft man bei Niedrigwasser spazieren, in der Ferne ziehen riesige Seeschiffe vorüber.

Auf die strategisch wichtige Stelle am Ausgang der Elbe in die Nordsee hatten die Hamburger schon im Mittelalter ein Auge geworfen: Seit dem 13. Jh. kontrollieren sie die Elbmündung, und bis 1937 gehörte **Cuxhaven** zur Hansestadt. Auf der über 10 km vorgelagerten Düneninsel O, die später **Neuwerk** heißen sollte, bauten sie 1300–1310 in Sichtweite der schon damals belebten Schifffahrtsroute einen soliden **Wehrturm** (»Nige Wark«) aus Findlingen und Backsteinen, ein Aussichtsturm, um Piraten zu entdecken, und ein wichtiges Seezeichen. Diesen Zweck erfüllt das wuchtige Bauwerk bis heute und seit 1814 mit einem Leuchtfeuer an der Spitze.

Seit 700 Jahren steht der Turm von Neuwerk im Dienst der Schifffahrt.

Die wackere MS »Flipper« erreicht die Insel Neuwerk nur, wenn das Wasser hoch genug aufgelaufen ist ...

ebenen Wattbodens und umgeht dabei die tief eingeschnittenen **Priele**, die »Flussläufe« im Watt, in denen das Ebbewasser zuletzt ab- und das Flutwasser zuerst aufläuft. Steht man etwa auf halbem Wege zwischen dem Festland und der Insel, sieht man fern im Norden ein wenig Wasser blinken, wo auf dem Fahrwasser nach Hamburg immer wieder große Schiffe zu sehen sind. Bis auf ein paar weitere Wandergrüppchen und gelegentlich vorbeiklappernde **Kutschen** (die Kutscher müssen sich beeilen, denn sie wollen mit ihren Gästen noch zur selben Tide wieder zum Festland zurückkehren) ist man allein auf diesem Meeresgrund und hat nur noch den weiten Himmel über sich. Da sollte man sich klarmachen, dass sich diese eigentümliche Wattenmeer-Landschaft noch gut 150 km nach Norden und rund 300 km nach Westen erstreckt: Solch ein riesiges Watt ist einmalig und zu Recht **UNESCO-Welterbe**; größtenteils ist es als **Nationalpark** geschützt.

Spaziergang auf Neuwerk Die ersten Schritte auf Neuwerk führen am **Friedhof der Namenlosen** ❶ vorbei, wie ihn viele Inseln für die gestrandeten Toten haben. An der praktischen **Fußwaschanlage** ❷ macht man sich erstmal »landfein«. Das sehr informative **Nationalparkhaus** ❸ ganz in der Nähe ist immer zum Ansturm

... und Wattwanderer und Wattwagen nehmen nur Kurs auf Neuwerk, wenn sich das Meer zurückgezogen hat.

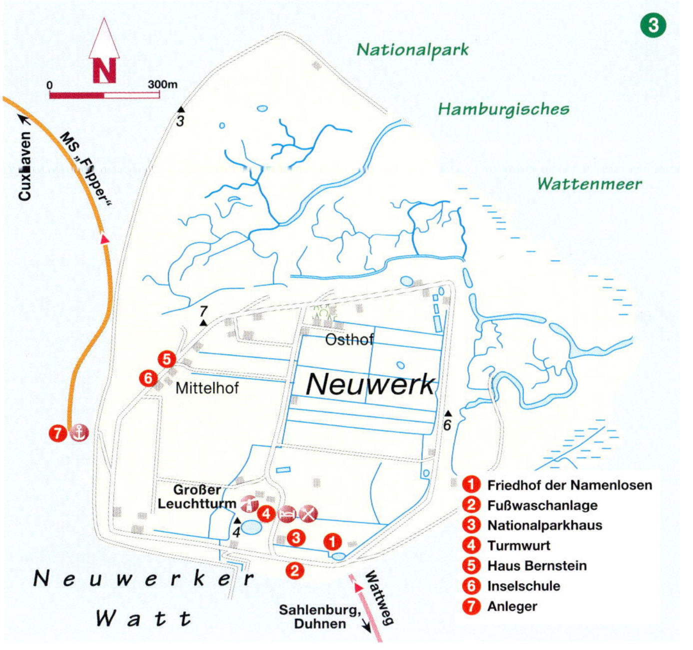

der Tagesgäste geöffnet, wie auch das halbe Dutzend Gaststätten der Insel – auch hier bestimmen die Gezeiten den Tageslauf. Der Platz auf der **Turmwurt** ❹, dem künstlichen Hügel mit dem mittelalterlichen Wehrturm (mit Pension und Café sowie einer fantastischen Aussicht), ist an manchen schönen Tagen zunächst mit Kutschen vollgeparkt. Aber sobald diese die Rückfahrt zum Festland angetreten haben, genießen die Wanderer das Inselchen fast für sich allein, neben den wenigen Übernachtungsgästen und den 36 Inselbewohnern. Rund 2,5 km misst der Deich um die Insel. Beim Rundgang zwischen Pferdeweiden und einer artenreichen Vogelwelt passiert man das **Haus Bernstein** ❺, wo man sich die rund um Neuwerk gesammelten Bernsteinfunde zeigen lässt, und gleich darauf die winzige **Inselschule** ❻. Kurz vor der Hochwasserzeit trifft am **Anleger** ❼ im Westen der Insel die **MS Flipper** ein, die zumeist Gäste auslädt, die nach ein- bis zweistündigem Aufenthalt wieder mit dem Schiff nach Cuxhaven zurückfahren. Dann können auch die Wattwanderer das Boot zum Festland zurück nehmen – eine sehr schöne, aussichtsreiche Fahrt von 1,5 Stunden im großen Bogen nördlich um Neuwerk herum, an **Seehundsbänken** vorbei und auf der uralten Schifffahrtsroute auf dem Elbstrom bis zum berühmten Cuxhavener Anleger **Alte Liebe**. Wer sich aber in das stille Neuwerk verliebt hat, übernachtet einfach dort und wandert oder fährt später zum Festland zurück – aber natürlich nicht ohne auf den Tidenkalender zu schauen!

■ **MS Flipper** Reederei Cassen Eils, Bei der Alten Liebe 12, Tel. 04721/350 82, www.helgolandreisen.de, tägliche Abfahrten ab Cuxhaven/Neuwerk s. Monats-Fahrpläne im Internet, Juni–August je nach Fahrgastaufkommen evtl. zweimal tägl. – auf bereits ausgebuchte Fahrten achten!
Auf dem Fahrplan der MS Flipper findet man außer den täglichen Schiffsabfahrten zusätzlich die empfohlenen Startzeiten für Wanderer und Kutschen ab Duhnen und Sahlenburg bzw. ab Neuwerk für den Rückweg zum Festland.
■ **Wattwagen** Fam. Griebel, Hus achtern Diek, Neuwerk, Tel. 04721/290 76, www.wattwagenfahrten.de

Tidenkalender

Im Rhythmus von 6 Std. und ca. 15 Min. sinkt bei Ebbe (= ablaufendem Wasser) der Meeresspiegel bis zum Niedrigwasserstand, bei der anschließenden Flut (= auflaufendem Wasser) bis zum Hochwasser. Dauerten die beiden Perioden genau sechs Stunden, hätte man tagtäglich zur gleichen Zeit etwa denselben Wasserstand, aber da sie ein wenig länger dauern, verschieben sich Hoch- und Niedrigwasserzeiten täglich. Für jeden Ort an der Küste und auf den Inseln wird der Tidenkalender Jahr für Jahr eigens berechnet.

4 Seestadt Bremerhaven – mitsegeln oder zuschauen

■ Ausflugsart
Rundgänge, Besichtigungen, Schiffstörns, Mitfeiern
■ Ausflugsdauer
ab 2 Tage
■ Veranstaltungsort
Bremerhaven
■ Ausgangs-/Endpunkt
Bremerhaven
■ Bevorzugter Monat
August
■ Anfahrt
A 27
■ Karten
ADAC Stadtplan Bremerhaven 1:17 500
■ Einkehr
Seute Deern, Am Alten Hafen (Schiffahrtsmuseum), Tel. 0471/41 62 64, www.seutedeern.de
■ Hotelvorschläge
ATLANTIC-Hotel SAIL City, Am Strom 1, Tel. 0471/30 99 00, www.atlantic-hotels.de; Comfort-Hotel, Am Schaufenster 7, Tel. 0471/932 00, www.comfort-hotel-bremerhaven.de
■ Information
H.-H.-Meier-Str. 6, Tel. 0471/94 64 61 90, www.bremerhaven.de

Die junge Stadt Bremerhaven ist dank ihrer außerordentlichen Museen und Erlebniswelten, wie Deutsches Schiffahrtsmuseum, Klimahaus® Bremerhaven 8° Ost, Deutsches Auswandererhaus® oder Schaufenster Fischereihafen, zu jeder Jahreszeit ein besonderes Reiseziel. Während des sporadischen Windjammer-Festivals Sail Bremerhaven bietet sie ein Stadt- und Hafenfest, bei der Schönheit und Romantik der Segelschifffahrt alle Herzen höher schlagen lassen.

Rundgang durch die Havenwelten Zwei Kilometer Uferpartie an der Weser und dem nostalgischen Alten und Neuen Hafen machten die Bremerhavener zur Erlebnispromenade **Havenwelten** (www.havenwelten.de). Die Kulisse ist großartig: Nördlich davon erstrecken sich die eindrucksvollen Hafen- und Werftanlagen, und im Westen geht die kilometerbreite Weser in die Nordsee über. Im Süden, nahe der Mündung des Flüsschens Geeste, wurde schon 1975 das **Deutsche Schiffahrtsmuseum** ❶ (als Eigenname nostalgisch nur mit ff) eröffnet, das letzte Werk des renommierten deutschen Architekten Hans Scharoun.

Die Havenwelten zwischen Wesermündung und Altem Hafen strahlen auch nachts ihren besonderen Zauber aus.

■ **Besichtigung** Deutsches Schiffahrtsmuseum, Hans-Scharoun-Platz 1, Tel. 0471/48 20 70, www.dsm.museum.de, Ende März–Okt. tägl. 10–18 Uhr, sonst Museum nur Di–So, Museumshafen geschlossen

Die »Seute Deern« ankert heute als Restaurant im Alten Hafen.

In dem modernen Bau macht man eine Reise durch die jahrtausendelange, aufregende Geschichte der Seefahrt, des Bootsbaus und der Navigation; an vielen Stellen darf man selbst Hand anlegen. Als Kapitän fühlt man sich im Original-Steuerhaus des langjährigen Fahrgastschiffs »Wappen von Hamburg«. Der Fund der mittelalterlichen **Kogge von 1380** in der Weser machte einen spektakulären Museumsanbau nötig, in dem man sie nun von allen Seiten bewundern und von ihrer mühseligen Bergung und Konservierung erfahren kann. Das **Freilichtmuseum** ❷ im Hafenbecken neben dem Museumsgebäude ist zur Sommersaison geöffnet und zeigt zehn interessante alte Schiffe, darunter den prächtigen **Großsegler Seute Deern**, der heute ganzjährig als stilvolles Restaurant dient, und das **U-Boot Wilhelm Bauer**, das man von innen besichtigen kann.
Die neuesten Errungenschaften der Havenwelten repräsentieren spektakuläre Architektur des 21. Jahrhunderts: Wie ein riesiges, spiegelglänzendes Kissen breitet sich zwischen **Altem Hafen** und der Promenade am grünen Weserdeich das **Klimahaus® Bremerhaven 8° Ost** ❸ aus.

■ **Besichtigung** Klimahaus® Bremerhaven 8° Ost, Am Längengrad 8, Tel. 0471/902 03 00, www.klimahaus-bremerhaven.de, April–Okt. tägl. 10–19, sonst 10–18 Uhr

Der 8. Grad östlicher Länge gibt die Route für die Betrachtung der **Klimazonen** der Erde vor: Man begibt sich auf eine Tour rund um den Globus zu Plätzen großer Hitze und eisiger Kälte, durch trockene, feuchte und gemäßigte Landschaften. In der Abteilung **Elemente** erfährt man an 100 Experimentierstationen die physikalisch-chemischen Details, die das Klima beeinflussen. Der Mensch

Bremens Hafen

Erst 1827 kaufte sich die Hansestadt Bremen ein Stück Land an der Wesermündung, um hier einen modernen Hafen zu errichten, denn die Weser drohte im Binnenland zu versanden. Bremerhaven wurde wichtiger Passagierschiffs-, Handels- und Fischereihafen, Werft- und Industriestandort. Die zum Bundesland Bremen gehörende Hafenstadt hat heute ca. 115 000 Einwohner und ist dank des Alfred-Wegener-Instituts (AWI) u. a. eine Hochburg der Klima- und Polarforschung.

Im Deutschen Auswandererhaus kann man lebendig das Schicksal der Emigranten auf dem Weg in die neue Heimat erleben.

als Mitgestalter des Klimas wird im Bereich **Perspektiven** betrachtet. Wetterstation, Shop, Restaurant und Sonderausstellungen runden das Programm des Klimahauses ab.

Das Gebäude nebenan direkt am Weserufer ist nicht flach und abgerundet, sondern steil, 140 m hoch und bauchig wie ein geblähtes Segel: Das **ATLANTIC-Hotel SAIL City** sieht aus wie ein kleinerer Bruder des Hotels Burj al Arab in Dubai. Im 20. und 21. Geschoss hat man von der **Aussichtsplattform** einen grandiosen Rundumblick (April–Sept. 10–20, sonst 11–17 Uhr). Zurück auf dem Erdboden kommt im **Mediterraneo** das Lifestyle-Shopping und Ausruhen nicht zu kurz (Am Längengrad 12, Geschäfte Mo–Sa ca. 10–20, Mitte April–Mitte Sept. auch So 12–20 Uhr).

Vom Alten Hafen und ab 1852 vom **Neuen Hafen** und der **Columbuskaje**, heute Kreuzfahrtterminal, aus querten zwischen 1830 und 1974 7,2 Millionen Menschen das Meer zum Aufbruch in eine neue Heimat. Das **Deutsche Auswandererhaus**® **4** erinnert an Bremerhavens Ruf als größten deutschen Auswandererhafen. Hautnah fühlt man mit den Emigranten jede Station ihres Abschieds, der Überfahrt und der Ankunft in der neuen Heimat.

■ **Besichtigung** Deutsches Auswandererhaus®, Columbusstr. 65, Tel. 0471/90 22 00, www.dah-bremerhaven.de, März–Okt. tägl. 10–18, sonst 10–17 Uhr

Rechte Seite: Ganz selbstbewusst tummeln sich die kleinen Optimisten vor dem eindrucksvollen Mastenwald riesiger Windjammer bei der Sail Bremerhaven.

Der Neue Hafen reicht heute für moderne Großschiffe nicht mehr aus, aber hier starten **Hafenrundfahrten** zu den anschließenden Becken der **Überseehäfen**, sodass man ganz nahe an die großen Pötte herankommt.

■ **Hafenrundfahrt** H.-H.-Meier-Str. 4 (Anleger Neuer Hafen, Südkaie), Tel. 0471/41 58 50, www.hafenrundfahrt-bremerhaven.de, April–Okt. alle 90 Min. 10.30–16.30, März 10.30–15 Uhr, sonst 12 Uhr

Sail Bremerhaven

Wenn ungefähr alle 2–5 Jahre die **Sail Bremerhaven** angesagt ist, verwandeln sich die Weser und die alten Hafenbecken in einen fast unübersehbaren Mastenwald: das größte Windjammertreffen der Welt! Weit über hundert Gastsegler, darunter auch manche, die einst den Stürmen vor Kap Hoorn trotzten, geben sich eine knappe Woche in Bremerhaven ein Stelldichein. Für Landratten wie Segelbegeisterte gibt es Mitsegelgelegenheiten oder »Open Ship«, sodass man die historischen Planken selbst betreten kann. Zu dem internationalen Festival lädt Bremerhaven auch Dutzende Shantychöre, schicke Kadetten für Umzüge und seine maritimen Partnerstädte ein. Die letzte Sail Bremerhaven fand 2010 statt. Wer die Stadt in solch großartiger Festatmosphäre besuchen will, halte Ausschau nach dem nächsten Event (www.sail-bremerhaven.de)!

Ein paar Schritte weiter an der **Seebäderkaje** 5 genießt man von der vor rund 100 Jahren erbauten **Strandhalle** bei Kaffee und Kuchen oder etwas Handfesterem den weiten Ausblick Richtung Nordsee. Tierfreunde zieht es auf den Terrassen bis zum Ufer in den wunderhübschen kleinen **Zoo am Meer**, der passend zum Standort hauptsächlich Tiere aus dem Meeres- und Küstenbereich zeigt.

Einkehr Strandhalle, H.-H.-Meier-Str. 5, Tel. 0471/460 61, www.strandhalle-bremerhaven.de

Besichtigung Zoo am Meer, H.-H.-Meier-Str. 7, Tel. 0471/308 41 41, www.zoo-am-meer-bremerhaven.de, April–Sept. 9–19, März, Okt. 9–18, sonst 9–16.30 Uhr

Schaufenster Fischereihafen In Bremerhaven laufen seit 1959 Fischstäbchen vom Band. Die Stadt bleibt wichtigster Standort der Fischverarbeitung, wenn auch mittlerweile 80 Prozent der in Deutschland verspeisten Fische importiert werden. Im **Schaufenster Fischereihafen** **6** feiert Bremerhaven Fisch- und sonstige Kultur rund um den **Fischereihafen I**. Die gemütliche Szene am Wasser ist vor allem eine beliebte Ausgeh- und Partymeile. Im **Forum Fischbahnhof** (Tel. 0471/93 23 30, www.forum-fischbahnhof.de), einer alten Fischversandhalle, bewundert man jetzt das riesige **Meerwasseraquarium Atlanticum** (tägl. 10–18 Uhr) und lernt im **Seefischkochstudio** die feinsten Küchenkniffe von Experten, hier kann man aber auch ins **Theater** gehen (www.tif-bremerhaven.de). Vergangene Zeiten der deutschen Hochseefischerei ruft im Hafenbecken der **Trawler Gera** als **Museumsschiff** ins Gedächtnis (www.historisches-museum-bremerhaven.de, Ende März–Anfang Nov. tägl. 10–18 Uhr).

Einkehr Natusch, Am Fischbahnhof 1, Tel. 0471/710 21, www.natusch.de, Di–So 11.45–15, 17.30–22 Uhr

Linke Seite:
Die Stromkaje – der Container-Terminal im Überseehafen

Wo im Fischereihafen I einst Seefisch angelandet wurde, tummeln sich heute Besucher: Der Trawler »Gera« erinnert noch an die einstige Hochseefischerei, während um das Hafenbecken die Flaniermeile »Schaufenster Fischereihafen« entstand, ein vielseitiges Ausgehquartier.

5 Carolinensiel-Harlesiel – Wattenmeer und Wangerooge

■ Ausflugsart
Besichtigung, Radtour auf Wangerooge
■ Ausflugsdauer
2 Tage
■ Ausgangs-/Endpunkt
Carolinensiel-Harlesiel
■ Bevorzugte Monate
August, September, Oktober
■ Anfahrt
A 31 / A 28 ab Leer-Ost ca. 60 km über Wittmund und B 461; A 29 ab Wilhelmshavener Kreuz 36 km B 210, ab Wittmund B 461
■ Karten
ADFC Regionalkarte Ostfriesland 1:75 000, Bielefelder Verlag
■ Einkehr
Erholung, Am Hafen Ost 5, Tel. 04464/310, www.erholung-carolinensiel.de; Café Hafenblick, Am Hafen West 11, Tel. 04464/94 22 91, www.carolinensiel-hafenblick.de
■ Hotelvorschläge
Hotel Hinrichs, Mühlenstr. 15, Carolinensiel, Tel. 04464/17 11, www.gaestehaus-hinrichs.de; Haus Störtebeker, Friedrichsgroden 2b, Carolinensiel, Tel. 04464/12 51, www.haus-stoertebeker.com
■ Information
Nordseestr. 1 (Kurzentrum Cliner Quelle), Tel. 01805/94 93 00, www.harlesiel.de

In Carolinensiel erhält man dank des einzigartigen Sielhafenmuseums und der immer noch fahrtüchtigen Oldtimer-Schiffe eine Ahnung von der Seefahrt vor dem Dampfschiffzeitalter. Auf dem Wasserweg der Harle und angesichts der Inselgeschichte von Wangerooge staunt man über den ständigen Wandel der Landschaft an der Nordsee.

Hafengeschichte und Watterlebnisse in Carolinen- und Harlesiel Nachdem alle Sielhäfen an der Deutschen Bucht verschwunden waren, wurde in **Carolinensiel** nahe der Mündung der Harle in die Nordsee immerhin der alte Hafen als **Museumshafen** wiederbelebt – im Zusammenhang mit dem 1984 gegründeten **Sielhafenmuseum**. Kaum zu glauben, aber Carolinensiel war im 18. und 19. Jh. ein bedeutender Seehafen, zeitweilig der zweitgrößte Ostfrieslands nach Emden! Die Abteilungen des Museums rund um den malerischen Museumshafen, in dem einige noch fahrtüchtige **Oldtimer** ankern, sind das **Groot Hus** mit der Geschichte des dem Meer abgerungenen Landes, das **Kapitänshaus**, das vom Leben der seefahrenden Bevölkerung erzählt, und die **Alte Pastorei**, wo Schiffbau und Handwerk demonstriert werden und wo das **Nationalparkhaus** über die Natur der Küste informiert. Hier sollte man sich auch für einen der naturkundlichen Ausflüge ins Watt anmelden. Erst bei einer Wattwanderung oder einem Schaufischfang unter kundiger Führung wird einem so richtig klar, was für ein erstaunlicher Naturschatz das UNESCO-Welterbe Wattenmeer ist.

■ Besichtigung Deutsches Sielhafenmuseum, www.dshm.de, Mitte März–Anfang Nov., Weihnachtsferien tägl. 10–18 Uhr; Museumsweg mit Erklärungstafeln: www.museumsweg.de; Nationalparkhaus, Pumphusen 3 (Alte Pastorei), Tel. 04464/84 03, www.wattwelt.de, April–Okt. Mo–Fr 9.30–13, 15–18, Sa, So 14–18, Feb.–März Mo–Fr 9.30–13, So 14–18 Uhr, sonst n. V.

Das Land links und rechts der **Harle** war noch vor wenigen Jahrhunderten eine Meeresbucht, die Harlebucht. Das Flüsschen aus dem Hinterland passiert mehrere Sielorte bis zu seiner Mündung in die Nordsee. Ihre Abfolge zeigt, dass die Küstenbewohner dem Meer nach und nach Land abgerungen haben: So stammt der Deich

von **Altfunnixsiel** von 1599, der von **Neufunnixsiel** von 1658, der von Carolinensiel von 1729, der an der **Friedrichsschleuse** von 1765 und der von **Harlesiel** von 1959. Das fruchtbare Marschenland zwischen Carolinensiel und Altfunnixsiel erlebt man auf dem nostalgischen Boot **Marie van't Siel** an drei Tagen in der Woche (Mai–Sept., Reservierung bei der Tourist-Information oder im Nationalparkhaus). Der nachgebaute Raddampfer **Concordia II** tourt als »Wasserbus« fast ganzjährig täglich die Strecke vom Museumshafen in Carolinensiel bis zum **Yachthafen** von Harlesiel, mit einem Halt etwa in der Mitte, nahe der Friedrichsschleuse, die den Carolinensieler Hafen zum einzigen sturmflutgeschützten Sielhafen machte. Von der Schleuse sind es nur wenige Schritte zum modernen **Kurzentrum Cliner Quelle**.

Der Raddampfer »Concordia II« gehört zu Carolinensiel wie die Metro zu Paris!

■ **Concordia II, Reederei Albrecht** Friedrichsschleuse 3a, Tel. 04464/942 97 41, www.reederei-albrecht.de, März–Okt. sechsmal tägl. (sonst ein- bis dreimal) Carolinensiel-Harlesiel und zurück, ein Weg: 45 Min.

Neben Museums- und Yachthafen hat der Doppelort Carolinensiel-Harlesiel noch einen dritten Hafen, den **Außenhafen** auf der Seeseite des Hauptdeichs, wo ein- bis zweimal täglich das **Fährschiff** nach **Wangerooge** ablegt oder auch Sonderfahrten ins Wattenmeer starten. Alle Fahrten von hier sind gezeitenabhängig: Die Schiffe können nur fahren, wenn der Wasserstand ausreicht. West-

Im Yachthafen von Carolinensiel-Harlesiel warten schmucke Boote auf ihre nächste Ausfahrt.

Siele und Sielhäfen

Die kleinen Segelboote, die jahrhundertelang in der Schifffahrt üblich waren, fuhren geschickt durchs flache Wattenmeer; an der Nordseeküste entwickelten sich an der Seeseite der Siele, der verschließbaren Tore für den Wasserabfluss aus dem Hinterland, rund 50 Sielhäfen. Diese konnten aber wegen der zunehmenden Schiffsgrößen in der Moderne nicht weiter bestehen.

Kommt man am Westanleger von Wangerooge mit der Fähre an, steigt man sogleich in die Inselbahn um.

lich benachbart erstrecken sich der künstlich aufgeschüttete Sandstrand und der ausgedehnte Campingplatz von Harlesiel. Östlich des Hafens, gleich hinter dem Hauptdeich, liegt der **Flugplatz Harle.**

■ **Wangerooge-Verkehr** Schiff/Inselbahn Harlesiel-Wangerooge, Fahrkartenausgabe Harlesiel, Tel. 04464/94 94 11, Fahrkartenausgabe Wangerooge, Tel. 04469/94 74 11, täglich je nach Tide wechselnder Fahrplan: www.siw-wangerooge.de; Fahrtdauer mit Schiff und Inselbahn ca. 90 Min. Flug Harle–Wangerooge, Luftverkehr Friesland Harle LFH, Flugplatz Harle, Tel. 04464/948 10, www.inselflieger.de, acht- bis zehnmal tägl. Harle–Wangerooge, Dauer 5 Min.

Wangerooge in einem Tag Macht man einen nur eintägigen Ausflug nach **W'ooge**, wie Inselfans das Eiland nennen, ist der **fünfminütige Flug** mit schöner Aussicht auf Küste, Wattenmeer und Insel der jeweils anderthalbstündigen Hin- und Rückfahrt per Fähre und Inselbahn vorzuziehen. Außerdem gibt es Tage, an denen die Fähre wegen der Gezeiten nur einmal verkehrt.
So kurz wie der Flug ist auch der Fußweg zum Zentrum der zweitkleinsten Ostfriesischen Insel. Rasch hat man den Bahnhof erreicht; von hier rollt die Inselbahn zum **Westanleger** an der Südwestspitze von Wangerooge, koordiniert zu den Schiffsankünften – eine Fahrt von einer Viertelstunde, aber außergewöhnlich, denn man durchquert dabei die **Westlagune**, eine vogelreiche Ruhezone des Nationalparks. Der Ostanleger, den einst Schiffe aus Wilhelmshaven anliefen, versandete 1958.

■ **Tourist-Information** Verkehrsverein, Bahnhofstraße, Tel. 04469/948 80, www.westturm.de; Kurverwaltung, Strandpromenade 3, Tel. 04469/990, www.wangerooge.de

De Besuch des Café Pudding ist ein Muss für jeden Wangerooge-Urlauber.

Bevor man sich ein Fahrrad ausleiht, empfiehlt sich ein Rundgang durchs Dorf, denn die Flanierstrecken der zentralen **Zedeliusstraße** und der Strandpromenaden sind ausschließlich Fußgängern vorbehalten. Unübersehbar steht in Bahnhofsnähe der **Alte Leuchtturm** von 1859, ein weiß-rotes Schmuckstück mit **Aussichtsplattform** und **Heimatmuseum** (Zedeliusstr. 9 a, www.leuchtturm-wangerooge.de, tägl. 10–13 u. 14–17 Uhr, außer zu Trauungen, von denen jährlich rund 400 hier stattfinden). Die Fußgängerzone endet an einem Rondell mit dem kreisrunden **Café Pudding** (Tel. 220, www.cafe-pudding.com, Di–So 11–21 Uhr); hier wie

auch auf der **Oberen Strandpromenade** öffnet sich ein grandioser Blick auf den belebten Strand und die weite Nordsee. In der Ferne ziehen ständig große Pötte auf der Hauptschifffahrtsroute der Deutschen Bucht vorüber. Aber auch die Surfer am westlichen Badestrand sind eine Augenweide.

Leihfahrräder erhält man z. B. in der Zedelius- oder der parallelen Kapitän-Wittenbergstraße. Als markantes Ziel lockt der gewaltige **Westturm** von 1932/33, **Wangerooges Wahrzeichen** und heute eine **Jugendherberge**. Der ursprüngliche Turm stand knapp 1 km nordwestlich mitten im einstigen Dorf und wies schon im 16. Jh. Schiffen den Weg – seit einer schweren Sturmflut 1854 überspült das Meer die Stelle. Westlich des heutigen Turms gibt es einen ruhigen, bewachten **Badestrand**. Wer es gern noch stiller mag, radelt zur sandigen **Ostspitze** der Insel. Auf halbem Wege dorthin lädt das **Café Neudeich** zur Einkehr ein (ab 11 Uhr, Di Ruhetag).

Der Ausblick vom Wangerooger Alten Leuchtturm ist himmlisch.

Wangerooges Wahrzeichen, der Westturm, und die Inselbahn

6 Emden mit Tagesausflug nach Borkum

■ **Ausflugsart**
Stadtrundgang, Insel-Ausflug; Wanderung oder Radtour auf Borkum
■ **Ausflugsdauer**
2 Tage
■ **Ausgangs-/Endpunkt**
Emden
■ **Bevorzugte Monate**
Juni, Juli
■ **Anfahrt**
Bahn: ca. stündl. IC-Verbindungen; Auto: A 31
■ **Karten**
ADFC Regionalkarte Ostfriesland 1:75 000, Bielefelder Verlag
■ **Einkehr**
Seven Seas, Neuer Markt 19, Tel. 04921/58 29 23, http://sevenseas-emden.de; Feuerschiff »Amrumbank«, Georg-Breusing-Promenade, Tel. 04921/92 92 00, www.feuerschiff-restaurant.de; Außendeck, Promenade am alten Binnenhafen 8, Tel. 04921/689 56 90, www.hafenhaus.com, tägl. ab 9 Uhr
■ **Hotelvorschläge**
Goldener Adler, Neutorstr. 5, Tel. 04921/92 73 39, www.goldener-adler-emden.de; Delfthalle, Große Str. 2, Tel. 04921/972 20, www.hotel-delfthalle.de
■ **Information**
Alter Markt 2a und Bahnhofsplatz 11, 26721 Emden, Tel. 04921/974 00, www.emden-touristik.com

Nostalgische Hafenromantik und supermoderne Schiffe – beides erlebt man in Emden, denn die Stadt am Ausgang der Ems in die Nordsee ist seit Jahrhunderten bis heute der führende Hafen Ostfrieslands. Die Kunsthalle Emden gehört zu Deutschlands wichtigsten Museen moderner Kunst, aber auch Otto Waalkes skurrilen Einfällen begegnet man in der Stadt. Dank guter Fähr- und Flugverbindungen nach Borkum kann man in einem Tagesausflug ausgiebig Hochseeluft auf der größten Ostfriesischen Insel schnuppern.

Rundgang durch die Emder Altstadt Die Ems fließt an **Emden** vorbei, doch das war nicht immer so: Eine große Sturmflut ließ ab 1509 die Emsschleife, in die der historische Emder Hafen **Ratsdelft** ❶ mündet, fast versanden. Glück hatte die Stadt in der zweiten Hälfte des 16. Jh., denn reformierte Glaubensflüchtlinge aus den Niederlanden – besonders Kaufleute mit guten Beziehungen zum Ausland – ließen sich hier nieder, und der Handel kam zu großer Blüte. In dieser Zeit leisteten sich die Emder ihr prächtiges **Renaissance-Rathaus** ❷, das auf den alten Hafen blickt. Den schweren Bombardierungen im Zweiten Weltkrieg, die ca. 80 Prozent der Emder Innenstadt zerstörten, fiel auch das Rathaus zum Opfer, doch es wurde im Anklang an den alten Stil wieder aufgebaut. Es besitzt im Turm ein schönes Glockenspiel (erklingt 9–19 Uhr alle 2 Std.) und ist heute Heimat des **Ostfriesischen Landesmuseums**. Bemerkenswert ist hier die großartige Sammlung von Ritterrüstungen und Waffen der

Zwei Ostfriesen mit Schalk im Nacken

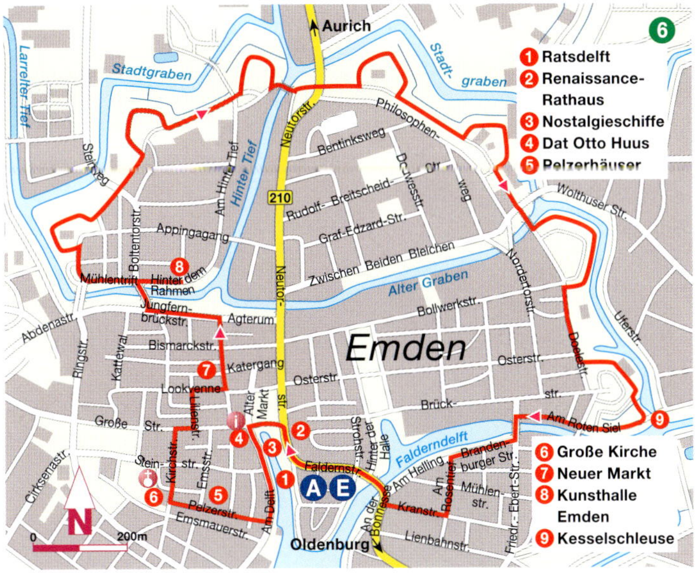

frühen Neuzeit. **Nostalgieschiffe** 3 liegen am Ostufer des Ratsdelft: der **Seenotrettungskreuzer** »Georg Breusing«, das **Museumsfeuerschiff** »Amrumbank« (es trägt die Aufschrift »Deutsche Bucht«, die seinen letzten Einsatzort kennzeichnet), das heute als Museum, Restaurant und sogar als stilvolles Trauzimmer dient, sowie der hölzerne **Heringslogger** AE 7 »Stadt Emden«. In den Ratsdelft fahren außerdem neue und alte Gastschiffe ein, dazu die Hafenrundfahrtschiffe, die dem Gewässer mitten in der Stadt viel maritimes Flair verleihen. Nahe dem Westufer lässt das populäre ostfriesische Urgestein, der »Blödelbarde« Otto Waalkes, in dem Kabinett **Dat Otto Huus** 4 die Besucher über dessen Einfälle schmunzeln.

Mitten in Emden schmunzelt man über Otto Waalkes Einfälle.

In Emdens große Vergangenheit zurückversetzt wird man in der Pelzerstraße 11 und 12, wo die **Pelzerhäuser** 5, zwei schöne Renaissancegebäude, restauriert wurden. An der **Großen Kirche** 6 wird Emdens frühere Größe deutlich: Das im Krieg zerstörte gotische Gotteshaus war im 16./17. Jh. als »Moederkerk« (Mutterkirche) das geistige Zentrum reformierter Christen. Die Kirchenruine wurde 1995 in das moderne Bauwerk für die renommierte **Johannes a Lasco Bibliothek** einbezogen. Sie pflegt u. a. das Erbe des humanistischen Gelehrten und reformierten Kirchenmannes, der als polnischer Adliger Jan Laski 1699 geboren wurde, als katholischer Geistlicher heiratete (!), mit den wichtigsten Größen seiner Zeit bekannt war, das damalige Kirchenwesen in Ostfriesland ordnete und viele holländische Exilanten ins Land holte.

Über den **Neuen Markt** 7 (hier findet ein Wochenmarkt Di, Fr, Sa 8–13 Uhr statt) gelangt man kurz darauf zur modernen **Kunsthalle**

Die Kunsthalle Emden präsentiert Sammlungen der Moderne und viel beachtete Wechselausstellungen; auch Kinder haben ihre Freude an diesem Kunsttempel.

Emden 8. Der Gründer der Zeitschrift »Stern«, Henri Nannen, und seine Frau Eske sind die Mäzene dieses hochkarätigen Kunsttempels, der 1986 seine Pforten öffnete und die Sammlung klassischer Moderne des Ehepaars sowie die Sammlung aktueller Kunst ab 1945 des Münchner Galeristen Otto van de Loo enthält. Zusätzlich finden hervorragende Wechselausstellungen statt. Trotz ihrer zentralen Lage ist die Kunsthalle fast im Grünen versteckt. Wer noch mehr Stadtgrün erleben will, macht sich auf einen Spaziergang entlang der ehemaligen Stadtmauer, die sich als **Wallanlage** wie ein großes Halbrund um die Innenstadt zieht. Ein kurzer Abstecher führt im Osten zu der über 100-jährigen **Kesselschleuse 9**, von deren rundem Zentralbecken aus Binnenschiffe in vier Richtungen fahren können. Entlang den Ufern von **Delft** und **Altem Binnenhafen** gelangt man zum Ratsdelft zurück.

■ Besichtigung Ostfriesisches Landesmuseum Emden, Neutorstr. 7–9, Tel. 04921/87 20 58, www.landesmuseum-emden.de, Di–So 10–18 Uhr; Dat Otto Huus, Große Str. 1, Tel. 04921/221 21, www.otto-waalkes.com, Ende März–ca. Mitte Jan. 9.30–18, Sa 9.30–14, April–Okt. auch So 10–16 Uhr; Pelzerhäuser, Pelzerstr. 11 u. 12, Tel. 04921/253 35, www.landesmuseum-emden.de, Di, Mi, Fr, Sa, So 11–18 Uhr; Johannes a Lasco Bibliothek, Große Kirche, Kirchstr. 22, Tel. 04921/915 00, www.jalb.de, Mo–Fr 14–17 Uhr, April–Okt. auch So; Kunsthalle Emden, Hinter dem Rahmen 13, Tel. 04921/97 50 50, www.kunsthalle-emden.de, Di–Fr 11–17, Sa, So 11–17 Uhr, 1. Di im Monat 10–21 Uhr

Rechte Seite: Leuchtfeuer auf Borkum

Einen Tag lang Hochseeluft auf Borkum tanken Wer bei einem Tagesausflug möglichst lange Zeit auf **Borkum** verbringen will, wird von Emden aus die einstündige Katamaranfahrt oder den 15-

Badekarren am Strand von Borkum

minütigen Flug zur Insel bevorzugen. Frühzeitige Buchung ist besonders an Wochenenden und in der Hauptsaison zu empfehlen. Von allen Ostfriesischen Inseln ist Borkum mit rund 36 km² die größte, und sie ist auch am weitesten vom Festland entfernt. An klaren Tagen hat man dennoch das Festland im Blick, besonders die niederländische Küste mit ihren Industrieanlagen von **Eemshaven**, von wo auch ein Fährdienst nach Borkum besteht. Auf der wichtigen Schifffahrtsroute Richtung Hochsee lässt sich so manches moderne Schiff beobachten.

■ **Flug Emden–Borkum** OLT, Flugplatz Emden, Tel. 04921/899 20, www.olt.de, Mai–Sept. tägl. 4–5-mal, April u. Okt. tägl. 3–4-mal, Flugzeit 15 Min.; Schiff Emden–Borkum, AG Ems, Tel. 01805/ 18 01 82, www.ag-ems.de; per **Autofähre** (Fahrtzeit 2 Std.) Ende März–Ende Okt. tägl. ab Emden Außenhafen 8 Uhr/ab Borkum Bahnhof 16.30 Uhr; per **Katamaran** (1 Std.): Ende März–Ende Juni So ab Emden Außenhafen 9 Uhr/ab Borkum Bahnhof 17.40 Uhr; Ende Juni–Ende August tägl., Ende August–Ende Okt. Fr, Sa, So

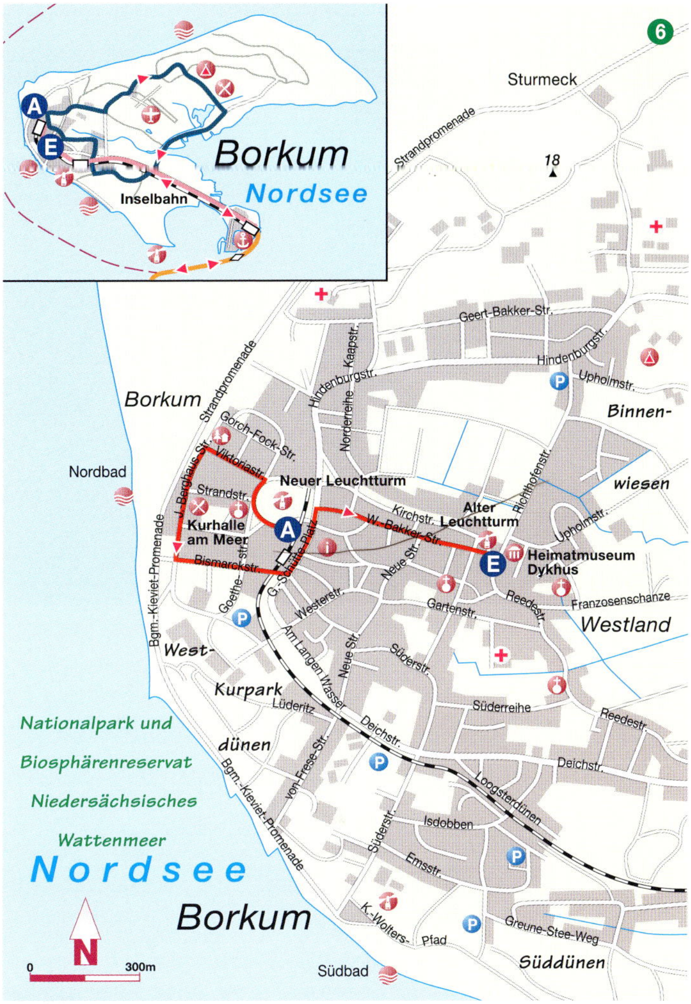

Das städtische Zentrum der Insel ist 7,5 km vom Fähranleger entfernt; diese Strecke legt man am gemütlichsten mit der nostalgischen **Inselbahn** zurück. Mitten in der Stadt kommt man an, ganz in der Nähe ragt der **Neue Leuchtturm** von 1879 in die Höhe – der Ausblick von dort oben ist grandios (308 Stufen!, April–Okt. tägl. 10–11.30 u. 15–17.30 Uhr, sonst s. Aushang). Der Strand-

Viel Platz ist am Strand von Borkum, da kommen sich Drachenfreunde und Beachvolleyballer nicht ins Gehege.

abschnitt **Nordbad** für Schwimmer und Surfer ist in ein paar Schritten über die Strandstraße erreicht; sehr schön überblickt man die weite, vorgelagerte Sandfläche – ideal für Strandsegler – von der 6 km langen **Strandpromenade** aus. Gegen Sonne, Wind und Blicke schützen auf der weiten Sandfläche die bunt gestreiften Strandzelte. Wer ein Fernglas dabeihat, entdeckt am Rand der weit ins Meer hineinreichenden Sandplate vielleicht Seehunde. Sie befinden sich in der Ruhezone des **Wattenmeer-Nationalparks**, der seit 2010 zum UNESCO-Welterbe zählt.

Südwärts entlang der aussichtsreichen Promenade gelangt man vorbei an der lang gestreckten, denkmalgeschützten **Kurhalle** (Fitnesscenter, Ausstellungen, Cafés, Geschäfte) zu den teils gründerzeitlichen, teils modernen Hotels und Kuranlagen, schließlich zum Strandabschnitt **Südbad**. Fürs maritime Shopping läuft man am besten stadteinwärts durch die **Bismarckstraße**.

Bevor im 19. Jh. die Touristen kamen, war Borkum seit dem 18. Jh. Heimat von Walfängern, was der früher sehr ärmlichen Insel gute, wenn auch nicht üppige Einkünfte bescherte. Das **Altdorf** mit verwinkelten Gässchen und netten Häuschen liegt östlich der Kurstadt; am besten, man folgt der **Wilhelm-Bakker-Straße**, vorbei am **Rathaus** und einem mit Wal-Kinnladen umzäunten Vorgarten, zum **Alten Leuchtturm** auf der ehemaligen Kirchwarft. Er ist von verwitterten, totenkopfgeschmückten Walfängergräbern umgeben und dient heute u. a. für Hochzeitszeremonien. Ein paar Schritte weiter kann man im Heimatmuseum **Dykhus** Borkums Geschichte hautnah erleben und das Skelett eines 1999 gestrandeten Pottwals bewundern (Roeloff-Gerritz-Meyer-Str. 13, Di–So 10–17 Uhr).

■ **Einkehr** Fischerkate, Hindenburgstr. 99, Tel. 04922/38 44, www.fischerkate-borkum.de, 11.30–14, 17.30–22 Uhr

■ **Tourist-Information** Georg-Schütte-Platz 5 (Inselbahnhof), Tel. 04922/93 30, www.borkum.de

Borkum hat nicht nur diese städtische Seite, sondern präsentiert auf **130 km Wander- und Radwegen** eine reiche Natur und sogar einige Bauernhöfe. Wer sich mit einem Fahrrad auf den Weg macht, kann sich rasch von der Vielseitigkeit der Insel überzeugen.

■ **Fahrradverleih Borkum** am Borkumer Bahnhof, Tel. 04922/309 14, www.borkumer-kleinbahn.de

Auf kleinen Pfaden oder der bequemeren Ostfriesenstraße radelt man am **Flugplatz** vorbei und kommt im **Ostland** zu Bauernhöfen und Katen. Die beiden **Landgasthöfe**, »Bauernstuben« und »Café Ostland«, sind an schönen Tagen gut besucht, auch einen **Campingplatz** gibt es auf dem Wiesengelände nebenan.
Auf der Höhe des Wasserwerks kommt man an Borkums nördlichen Strand, den ein mächtiger Dünenwall vom Rest der Insel abschließt. Das Fahrrad lässt man wegen des Dünensands besser am Weg zurück. Wem nach dem Strandausflug die Fahrt durchs östliche Dünengebiet zu lang ist, fährt übers Ostland zur Senke **Tüskendör**. Dieses Feuchtgebiet mit reicher Vogelwelt kann man vom Deich aus gut überblicken. Hier ist man auf der grünen Marschenseite der Insel, die ohne Eindeichung rasch wieder Raub der Wellen werden und zur Teilung der Insel führen könnte; »tüskendör = zwischendurch« erinnert an solch einen »Unfall«. Weiter westlich, jenseits der Bahnstrecke, schließt sich ein Wäldchen an: **Greune Stee**. Über den gewundenen **Upholm-Deich** (er stammt von 1600; jeder Deichbruch hinterließ eine ausgeprägte Vertiefung, den sogenannten Kolk, an der Bruchstelle, was man heute noch sieht) östlich der Stadt, die **Franzosenschanze** (beim Sportplatz) und das Altdorf gelangt man zum Bahnhof zurück. Nicht verpassen sollte man vor der Rückfahrt nach Emden einen Besuch beim **Feuerschiff Borkumriff** im Schutzhafen neben dem Fähranleger. Das Museumsschiff ist gleichzeitig Informationszentrum der Nationalpark-Verwaltung (Tel. 04922/20 30, Einlass April–Okt. Di–So 9.45, 10.45, 11.45, 13.45, 14.45, 16.45 Uhr, sonst Di, Do, Sa 14 und 15.30 Uhr).

130 km Wander- und Radwege hat Borkum: Auf der größten der Ostfriesischen Inseln ist man oft allein in den Dünen, wenn man die Vogelwelt nicht mitzählt.

7 Rendsburg, Schleswig, Schlei – Ochsenweg und Wikingersteg

■ **Ausflugsart**
Fahrradtour
■ **Ausflugsdauer**
2–3 Tage
■ **Ausgangs-/Endpunkt**
Rendsburg/Schleswig
■ **Bevorzugte Monate**
Mai, Juni
■ **Anfahrt**
Bahn: Rendsburg und Schleswig liegen an der Bahnstrecke Hamburg – Flensburg; Auto: A 7
■ **Karten**
ADFC Regionalkarte Schleswig 1:75 000, Bielefelder Verlag
■ **Einkehr**
Hotel-Restaurant Zollhaus, Schleswig, Tel. 04621/29 03 40, www.zollhaus-schleswig.de; Strandcafé Marienbad, Strandweg 1A, Busdorf bei Schleswig, Tel. 04621/30 50 33, www.strandcafe-marienbad.de, Sommersaison Di–So ab 10, sonst ab 12 Uhr
■ **Hotelvorschläge**
Domhotel, Domzieglerhof 6, 24837 Schleswig, Tel. 04621/97 77 67, www.domhotel-schleswig.de; Gottorfer Hof, Gottorfstr. 7, 24837 Schleswig, Tel. 04621/93 99 13, www.hotel-gottorferhof.de
■ **Information**
Plessenstr. 7, Schleswig, Tel. 04621/85 00 56, www.ostseefjordschlei.de

Am Nord-Ostsee-Kanal: Eisenbahnbrücke und Schwebefähre

Per Fahrrad und Schiff folgt man den Spuren, wo einst die Wikinger zwischen Nord- und Ostsee verkehrten und in Haithabu gegenüber dem heutigen Schleswig einen bedeutenden Hafen besaßen. Und bevor man sich auf den historischen Ochsenweg macht, wird in Rendsburg ein Blick auf den geschäftigsten Seeschiffskanal der Welt geworfen: den Nord-Ostsee-Kanal.

Rendsburg am Nord-Ostsee-Kanal Die Bahnfahrt nach **Rendsburg** bietet einen besonderen Genuss: Südlich der Stadt beginnt ein über 7 km langer Viadukt, der Zug steigt 42 m hoch, um den **Nord-Ostsee-Kanal** zu queren, und schraubt sich nach einer langen Schleife zum Bahnhof hinunter. Dabei bekommt man eine weite Aussicht über den meistbefahrenen künstlichen Seeschiffskanal der Welt.

Nord-Ostsee-Kanal

Schon seit der Wikingerzeit träumten die seefahrenden Ostseeanrainer von einer bequemen Wasserverbindung von der Ostsee zur Nordsee: Zu unberechenbar und zu zeitraubend war die Durchfahrt zwischen Dänemark und Norwegen, das Skagerrak. Die Lösung war der Wikinger , ihre Schiffsladung über Land zu tragen, über die nur gut 15 km breite Landenge zwischen dem Westende der Schlei und dem Flüsschen Treene bei Hollingstedt; an einen Kanal war damals noch nicht zu denken. Nach unzureichenden Kanal-Vorgängern wurde 1895, nach acht Jahren Bauzeit, der 98 km lange Kaiser-Wilhelm-Kanal zwischen Brunsbüttel an der Elbe und Kiel-Holtenau an der Ostsee eröffnet. Seit 1948 heißt er Nord-Ostsee-Kanal, international wird er Kiel Canal genannt (Infos: www.kiel-canal.org). Die 102 m bis 162 m breite und 11 m tiefe Wasserstraße durchfahren jährlich zwischen 30 000 und 40 000 Schiffe.

Die heutige Industriestadt Rendsburg war längst vor dem Bau des Kanals ein wichtiger Verkehrsknoten: Die schiffbare **Eider** und der uralte Nord-Süd-Landweg über den schleswig-holsteinischen Mittelrücken bis weit nach Jütland, der **Ochsenweg**, kreuzten sich hier. Zudem wurde von alters her die Eider als Grenze zwischen Schleswig und Holstein angesehen; Rendsburg war über Jahrhunderte dänische Grenzfeste. Die starken Festungsbauten des 17. und 18. Jh. wurden ab Mitte des 19. Jh. geschleift, Schleswig-Holstein ging an Preußen. Besucher des heutigen Rendsburg können sich auf dem 3 km langen Rundweg **blue line**, der mit blauer Farbe auf dem Boden markiert ist, durch die Stadt geleiten lassen und dabei u. a. die mittelalterliche **Marienkirche** oder die repräsentativen Barockbauten um den **Paradeplatz** bewundern. Eine geniale Erfindung zur Überquerung des Nord-Ostsee-Kanals ist die rund 100-jährige **Schwebefähre**, die unter der 42 m hohen Eisenbahnbrücke hängt.

Entlang dem Rundweg »blue line« entdeckt man die Stadt Rendsburg.

■ **Einkehr** Brückenterrassen, An der Schwebefähre, Tel. 04331/220 02, www.brueckenterrassen.de, tägl. 9–22 Uhr, auch Schiffsbegrüßungsanlage: April–Sept. 9–20, sonst 11–16 Uhr
Tourist-Info Schiffbrücken-Galerie, Rendsburg, Tel. 04331/211 20, www.tinok.de

Auf dem Ochsenweg von Rendsburg nach Schleswig Von Rendsburgs Innenstadt wendet sich die Fahrradroute westwärts ein kurzes Stück entlang der **Untereider** und führt ab **Fockbeck** über längere Strecken durch den Wald. Zwischen **Lohe** und **Kropper Busch** stehen entlang eines Erlebnispfads nicht nur interessante Informationstafeln, Picknicktische und Unterstellhäuschen, sondern zur Demonstration sogar ein paar lebensgroße Ochsenstatuen (Aufsitzen erlaubt!). Bei **Sorgbrück** kreuzt man das Flüsschen **Sorge**, das westwärts der Eider zufließt.

■ **Einkehr** Wikingerhof, Tetenhusener Chaussee 1, Kropp, Tel. 04624/700, www.wikingerhof.net

Nachdem man nördlich von **Klein Rheide** die **Rheider Au** passiert hat, gelangt man zur ca. 15 km breiten Landbrücke zwischen der **Schlei** im Osten und dem in früheren Zeiten unüberschaubaren und undurchdringlichen **Flusssystem von Treene, Sorge und Eider** im Westen. An dieser strategisch wichtigen Stelle errichteten die Wikinger – zur Sicherung ihrer Südgrenze gegenüber Altsachsen und Slawen – zwischen 650 und 1200 n. Chr. einen mehrteiligen und immer wieder verstärkten Wall mit Gräben, Mauern

Der Ochsenweg

Der Weg über den trockenen, oft sandigen Mittelrücken Schleswig-Holsteins war Handels-, Pilger- und Heerweg (in Dänemark heißt er heute noch **Hærvej**). Vom 14. bis 19. Jh. besaß die Strecke besondere Bedeutung als **Ochsenweg**, auf dem in großen und kleinen Herden das in Jütland gemästete Vieh, pro Jahr bis zu 50 000 Stück, südwärts nach Bramstedt, Itzehoe oder Wedel getrieben und dort verkauft wurde. Im 19. Jh. setzte die Eisenbahn der Ochsentrift ein Ende; als Fahrradroute ist dieser einstige Verkehrsweg, markiert mit gekreuzten Ochsenhörnern, wiedererstanden (www.sh-ochsenweg.de).

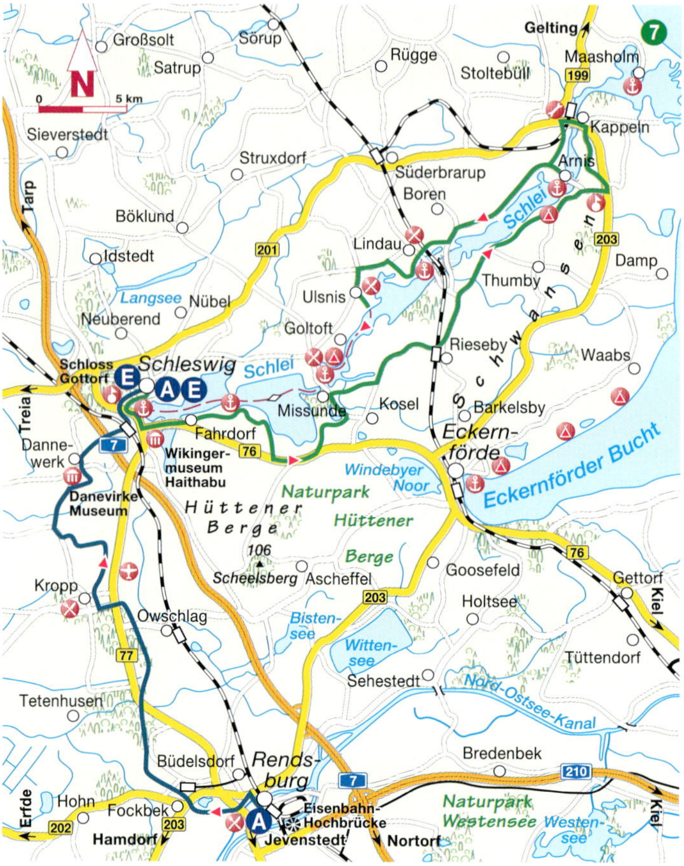

und Palisadenzäunen, das sog. **Danewerk** (dänisch Danevirke), das sogar in den Kriegen des 19. und 20. Jh. wieder eine Rolle spielte. Zunächst quert der Radweg den um 980 gebauten **Kograben**, eine schnurgerade Befestigungslinie zwischen der einstigen Wikingersiedlung Haithabu (s. u.) an der Schlei bis zum Sumpf der westlichen Rheider Au. In den Wiesen bemerkt man auffällige vorgeschichtliche **Grabhügel**, typisch für die ausgehende Stein- und die Bronzezeit.

Kurz darauf folgt im heutigen Dorf **Dannewerk** die Hauptbefestigungslinie des Danewerks, an der ca. vom 7. bis 12. Jh. immer wieder gebaut wurde. Viele interessante Details erfährt man im **Archäologischen Park** und dem **Danevirke Museum**.

■ **Besichtigung** Danevirke Museum, Ochsenweg 5, Tel. 04621/378 14, www.dannewerk.de, Ende März–Ende Okt. Di–Fr 9–17, Sa, So 10–17 Uhr, Dez.–Mitte Feb. geschlossen, sonst Di–So 10–16 Uhr

■ **Einkehr** Gasthof Rothenkrug, Ochsenweg 3, Tel. 04621/342 60, tägl. 9–22 Uhr

Über Jahrhunderte hinweg, von den Wikingern bis zum Deutsch-Dänischen Krieg, diente das Danewerk als militärisches Bollwerk; hier: Schanze XIV, 19. Jh.

Von Klein Dannewerk über Groß Dannewerk wendet man sich ostwärts dem Zentrum von **Schleswig** zu, die **Schlei** und **Schloss Gottorf** sind bald zu erkennen.

Haithabu und die Schlei auf dem Wikinger-Friesen-Weg Wo während der letzten Eiszeit eine Gletscherzunge tief ins Land griff, blieb später der 40 km lange Arm der **Schlei** als Fjord übrig. Die seefahrenden Wikinger (Wikingerzeit: 737–1066 n. Chr.) hatten die strategische Bedeutung des Wasserwegs erkannt und am inneren Ende, in der geschützten Bucht **Haddebyer Noor**, ihre Siedlung **Haithabu** errichtet. Hier war der Umschlagplatz für die Güter, die über die Landenge zur schiffbaren **Treene** getragen wurden; dort sorgten die seit dem 8. Jh. eingewanderten Friesen für den Weitertransport. In Erinnerung an den alten Handelsweg zwischen Friesen und Wikingern schuf man die Radroute **Wikinger-Friesen-Weg** (WIF, www.wikinger-friesen-weg.de) zwischen Nord- und Ostsee. Die hier vorgeschlagene, rund 75 km lange Tour führt auf der Südroute des WIF nach Kappeln, dann auf der Nordroute bis Ulsnis, von wo man per Schiff nach Schleswig zurückkehren kann.

Der Frühling lockt die Segelschiffe aus dem Winterquartier, dann zeigt sich die Schlei mit den umliegenden Rapsfeldern besonders bunt.

Der Ort Haithabu, der sich nach einem Slawen-Überfall 1066 offenbar nicht mehr erholte, wurde von Archäologen ausgegraben und rekonstruiert mit Häusern, Bootsanleger und halbkreisförmigem Befestigungswall. In der Sommersaison blüht hier »echtes« Wikingerleben. Das moderne **Wikinger Museum Haithabu** nebenan erläutert die Welt der Wikinger und zeigt erstaunliche Funde, wie ein Wikingerschiff oder Handelsgüter.

■ **Wikinger Museum Haithabu** Haddeby, Tel. 04621/81 32 22, www.schloss-gottorf.de/wmh, April–Okt. tägl. 9–17, sonst Di–So 10–16 Uhr (Wikingerhäuser im Winter geschlossen)

Nicht immer kann die Radroute am Wasser entlangführen, aber in den alten Fischerdörfern wie **Fahrdorf**, **Stexwig**, **Weseby** und **Missunde** (wo eine Fähre die Schlei quert) ist die Schlei allgegenwärtig. Über **Rieseby** in der abwechslungsreichen, leicht hügeligen Landschaft **Schwansen** erreicht man das Schleiufer wieder im

In Kappeln, kurz vor der Mündung der Schlei, werden auch heute noch Fische im Heringszaun gefangen – eine uralte Methode.

entzückenden Dörfchen **Sieseby** und hat bis zur Schleibrücke von **Kappeln** die Schlei meistens im Blick. Man überquert die Klappbrücke und genießt den kleinstädtischen Flanierboulevard am Hafen. In der Schlei sieht man den **Heringszaun**; er ist der letzte seiner Art für den Heringsfang in Europa, zu Ostern ist »Erntezeit«. Und im **Museumshafen** liegen an die 20 nostalgische und moderne Schiffe. Eindrucksvoll ist im Städtchen die spätbarocke **St.-Nikolai-Kirche**; die Touristeninformation findet man in der **Windmühle Amanda**. Wer mehr Ostseewasser sehen möchte, macht einen Schiffstörn nach **Maasholm** oder **Schleimünde** (2 Std. hin und zurück; per Rad sind es 12 km bis Maasholm, dorthin führt auch die Nordroute des WIF).

■ **Tourist-Info** Schleswiger Str. 1, Tel. 04642/40 27, www.kappeln.de, www.kappeln-touristik.de
■ **Einkehr** Restaurant Stark, Am Hafen 19 a, Kappeln, Tel. 04642/16 16, www.restaurantstark.de
■ **Schiffstour Maasholm/Schleimünde** www.schlei-ausflugsfahrten.de, z. B. Mai–Aug., Mo, Mi, Sa, So 11 und 14 Uhr

Still ruht die Schlei, und am Yachthafen in Arnis, der kleinsten deutschen Stadt, warten Boote auf ihre nächste Fahrt.

Zurück nach Schleswig radelt man von Kappeln aus am Nordufer der Schlei durch die liebliche Landschaft **Angeln**. Unbedingt einen Abstecher zum Schleiufer ist das winzige **Arnis** wert, ein Städtchen mit gerade mal 300 Einwohnern und ganz reizend auf einer ehemaligen Schleiinsel gelegen – rasch hat man die Stadt mit ihren hübschen Hausgärten zu Fuß umrundet; eine Fähre überquert hier die Schlei. Die Radtour geht weiter am Nordufer. In **Lindaunis** führt eine Klappbrücke nach Schwansen; man bleibt aber in Angeln bis **Ulsnis**, wo in der

Sommersaison am Nachmittag ein Ausflugsschiff nach Schleswig ablegt: So kann man die Rückfahrt bis zum westlichen Ende der Schlei wie einst die Wikinger erleben – auf dem Wasserweg. Nahe dem Anleger gibt es eine Badestelle in der Schlei.

■ **Schiff ab Ulsnis** Schleischifffahrt, Tel. 04621/233 19, www.schleischifffahrt.de, Anfang Juni–ca. Mitte Sept. Mi–Mo 15.25 Uhr (Di 17.10, ab Kappeln 15.40 Uhr), Mitte April–Mai und Mitte Sept.–Mitte Okt. nur Mi, Do, Sa, So

Nicht verpassen in Schleswig Nachdem die Wikingerstadt Haithabu im 11. Jh. zugrunde gegangen war, konnte sich am Nordufer der Schlei **Schleswig** entwickeln, das schon im 12. Jh. Stadtrechte und eine Kirche erhielt. Der **St.-Petri-Dom**, eine gotische Hallenkirche mit dem **Schwahl** genannten Kreuzgang, erhielt ihren 112 m hohen **Turm** (mit Aussichtsplattform) erst Ende des 19. Jh. und ist weithin sichtbar. Kostbar ist der **Bordesholmer Altar** mit seinen 392 Figuren, geschnitzt von Hans Brüggemann (1514–1521; Mai–Sept. 9–17, sonst 9–16 Uhr; Orgelkonzerte Mitte Juni–Sept. Mi 20 Uhr, www.schleswiger-dom.de). Einen geruhsamen Spaziergang in das östlich hinter dem Dom gelegene Fischerviertel **Holm** mit gemütlichen Häuschen und fein herausgeputzten Gärten darf man nicht versäumen. Schleswigs unübersehbarer Magnet ist **Schloss Gottorf**, Residenzschloss der Herzöge von Schleswig-Holstein-Gottorf, heute eine sehr vielseitige Anlage mit den **Landesmuseen für Archäologie, Kunst und Kulturgeschichte**. Unbedingt sehenswert ist der originalgetreu nachgebaute **Gottorfer Globus**, ein begehbarer Erdglobus, innen mit Planetarium. Das technische Wunderwerk des 17. Jh. ließ sich Herzog Friedrich III. anfertigen, aber Zar Peter der Große »erbat« es sich als Sieger des Nordischen Krieges.

Schloss Gottorf, einst Sitz der Herzöge von Schleswig-Holstein-Gottorf, ist heute ein riesiger Museumskomplex.

■ **Schloss Gottorf** Tel. 04621/81 32 22, www.schloss-gottorf.de; Museen: April–Okt. tägl. 10–18 Uhr, sonst Di–Fr 10–16, Sa, So 10–17 Uhr; Gottorfer Globus nur mit Führung April–Okt. tägl. 10–18 Uhr, letzter Einlass 17 Uhr

8

Lübeck mit Travemünde – von Strandfreuden bis Kunstgenuss

So angenehm lässt sich selten eine Städtetour mit Badevergnügen verbinden: Zur Hansestadt Lübeck mit ihren Hunderten von mittelalterlichen Häusern und ihrem modernen Kulturangebot von Literatur, Musik und Kunst gehört das Strandbad Travemünde, schick und gemütlich zugleich.

■ **Ausflugsart**
Strandwandern, Städtetour
■ **Ausflugsdauer**
2 Tage
■ **Ausgangs-/Endpunkt**
Travemünde/Lübeck
■ **Bevorzugte Monate**
Juli–September, November, Dezember
■ **Anfahrt**
Auto: Lübeck: A 20, A 1, Travemünde: A 1, A 226, B 75; Bahn: Lübeck ist ICE-Halt; per Bus (Dauer ca. 40 Min.) oder Bahn (Dauer ca. 20 Min.) alle 15 Min. nach Travemünde; Flug: Transfer ab Lübeck-Blankensee: Bahn stündl. nach Lübeck (Dauer 8 Min.), ab Hamburg Airport: 13-mal tägl. nach Lübeck (Dauer ca. 1,5 Std.)
■ **Karten**
Falk Stadtplan Lübeck mit Umgebungskarte
■ **Hotelvorschläge**
Pension Strandhaus, Kaiserallee 33, 23570 Travemünde, Tel. 04502/718 18, www.pensionstrandhaus.de; Hotel Jensen, An der Obertrave 4–5, Lübeck, Tel. 0451/70 24 90, www.hotel-jensen.de
■ **Information**
Holstentorplatz 1, Lübeck, Tel. 0451/889 97 00, www.luebeck-tourismus.de; Filiale Travemünde: Bertlingstr. 21 (Strandbahnhof), www.travemuende-tourismus.de

Das Kreuzfahrtschiff »Costa Allegra« verlässt Travemünde.

Travemünde – Lübecks Großhafen und Badevergnügen Die **Trave** umfließt die Altstadt von Lübeck (über 210 000 Einwohner). Die »Königin der Hanse« liegt ca. 20 km von der Ostsee entfernt, dort mündet die Trave. Um Piratenüberfällen vorzubeugen, eignete sich Lübeck diesen strategischen Platz schon 1329 an.

Heute liegt der **Skandinavienkai** für große Fähr- und Frachtschiffe nur eine Flussbiegung von der Travemünder Altstadt entfernt. Das fasziniert an diesem gemütlichen, uralten Ort: Man sitzt Kaffee trinkend an der **Vorderreihe**, ringsum beschauliche, herausgeputzte Häuschen und ein paar Ausflugsboote am Kai, und auf einmal biegt ein Riesenpott um die Ecke, ein gewaltiger Ro-Ro-Frachter oder ein viele Stockwerke hohes Fährschiff, und zieht gravitätisch hinaus in die **Lübecker Bucht**.

■ **Einkehr** Café Bellevue, Vorderreihe 64, Tel. 04502/88 83 99, tägl. ab 9 Uhr; Café Traveblick, Vorderreihe, Brücke 148, Tel. 04502/26 45, www.traveblick-travemuende.de

Als im 19. Jh. der Badetourismus aufkam und auf der Ostsee die moderne Linienschifffahrt einsetzte, entwickelte sich das dörfliche Travemünde zu einem mondänen **Kurbad**. Diese Seite des Örtchens findet man in Prachtvillen wie dem säulengeschmückten **Haus Royal** (Kaiserstr. 6, vormals Ferien-Palais des Lübecker Kaufmanns Predöhl, jetzt ein Restaurant) oder dem **Casino**, das einst reiche Schiffstouristen aus St. Petersburg oder Kopenhagen anlockte. Das **Kurhaus** verwandelte sich vor Kurzem in das elegante Wellnesshotel A-ROSA.

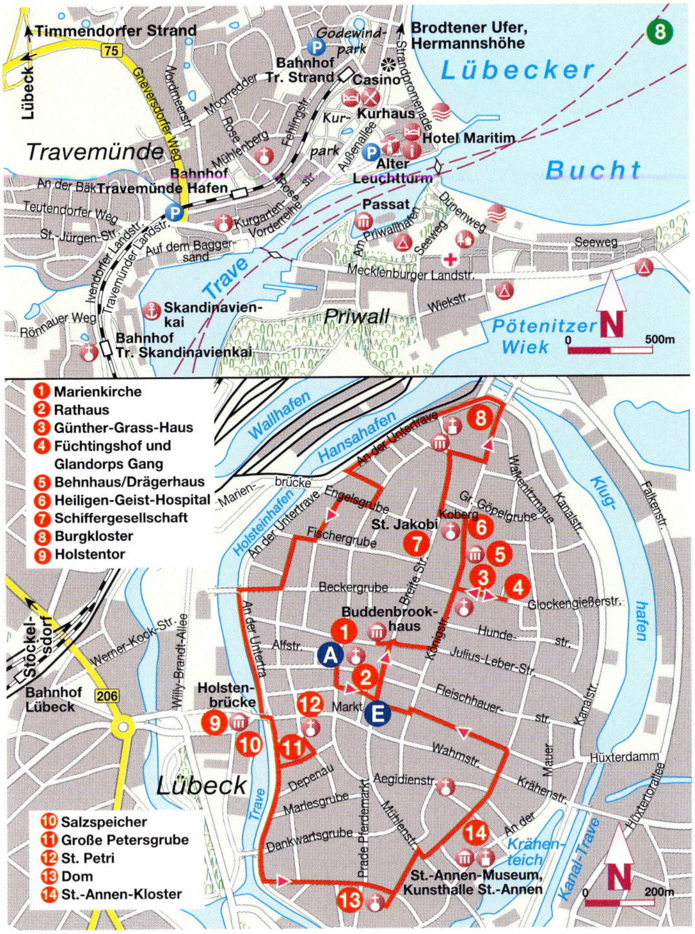

Schließlich geizt auch die Natur nicht mit Attraktionen in Travemünde: Über vier Kilometer makellosen **Sandstrands** verfügt der Ort, der sich im Norden obendrein in einem großartigen Steilhang, dem **Brodtener Ufer**, fortsetzt. Diese Uferstrecke – rau und herausfordernd am steinigen Strand (oft mit Fossilien, mit Glück auch Bernstein!) und lieblich und mit herrlichem Weitblick über die Lübecker Bucht in der Höhe – sollte man wenigstens bis zum beliebten Ausflugslokal **Herrmannshöhe** abwandern. Ab dem **Hochhaushotel Maritim** oder Travemündes Wahrzeichen, dem **Alten Leuchtturm** von 1539, beträgt eine Strecke ca. 3 km (Badezeug nicht vergessen!).

Einkehr Herrmannshöhe Restaurant & Café, Herrmannshöhe 1, Tel. 04502/730 21, Mai–Sept. Di–So 10–21, sonst 11–19 Uhr; Über den Wolken, Trelleborgallee 2 (im 35. Stock des Maritim-Hotels), Travemünde, Tel. 04502/890, tägl. 15–17.30 Uhr, Mittagsbuffet So 12–14 Uhr

Besichtigung Alter Leuchtturm, Am Leuchtenfeld 1, Juli, Aug. Di–So 10–17 Uhr, Mai, Juni, Sept., Okt. Mi–So

Das Brodtener Ufer – Eldorado für Gesteins- und Fossiliensammler

Die Viermastbark »Passat« ankert am Priwall in Travemünde.

Travemündes beschaulichere Seite liegt auf dem **Priwall**, der Halbinsel am östlichen Traveufer. Eine Personenfähre etwa auf der Höhe des Alten Leuchtturms und eine Autofähre (»Priwallfähre«) 1 km flussaufwärts pendeln über die Trave. Für die wichtigste Sehenswürdigkeit braucht man keine Hinweisschilder: Der 100-jährige Kap-Hoorn-Segler, die Viermastbark **Passat**, ist von überall zu sehen. Sie ist zwar nicht mehr fahrtüchtig, aber ein hochinteressantes Museums- und Ausstellungsschiff (Mitte Mai–Sept. tägl. 10–17, April/Mai, Okt. 11–16.30 Uhr, www.passat.luebeck.de). Der Strand des Priwalls lädt zum Baden ein.

■ **Tipp** Zwischen Travemünde und Lübeck verkehrt von April bis Mitte Oktober ein Linienschiff (ab Travemünde, Vorderreihe, Brücke 148, Café Traveblick), im April Mi, Sa, So, dann tägl. 12 und 16 Uhr, Fahrtdauer 1,5 Std., Tel. 0451/280 16 35, www.koenemannschiffahrt.de).

Lübeck-Rundgang Die führende Stadt der Hansezeit ist ein historisches städtebauliches Juwel und steht auf der Liste des UNESCO-Welterbes.

Vor der Kulisse Lübecker Kaufmannshäuser liegen an der Untertrave prächtige alte Segelschiffe im Museumshafen.

Bis zum heutigen Tag dominiert an der höchsten Stelle der Hansestadt die doppeltürmige gotische **Marienkirche** ❶ das Stadtpanorama und zeigt (tägl. ab 10 Uhr) unmissverständlich zusammen mit dem benachbarten **Rathaus** ❷, dass hier die Macht in der Hand der Bürger lag. Die riesige Backsteinkirche der Kaufleute war Vorbild für den Kirchenbau im Ostseeraum, und im vielfach erneuerten Rathaus wurde seit Jahrhunderten Politik gemacht, aber hier wurden auch große Feste zelebriert. Der **Markt** vor der Rathauskulisse ist beliebtes Einkaufsziel, besonders in der Adventszeit. In der Fußgängerzone **Breite Straße** ist Shopping angesagt, in Nr. 18 erhält man z. B. Marzipansouvenirs bei **Niederegger**.

Festivals und größere Events in Lübeck und Travemünde:

Wind Art Travemünde: Juli–Sept., www.kunst-kultur-travemuende.de
Schleswig-Holstein Musik-Festival: Juli, August, www.shmv.de
Travemünder Woche: Ende Juli, www.travemünder-woche.de
Duckstein-Festival: Lübeck, ca. Mitte August, www.ducksteinfestival.de
Kino unterm Ostseehimmel: Travemünde, Ende August
Nordische Filmtage: Lübeck, Anfang November, www.filmtage.luebeck.de
Weihnachtsmärkte in Lübeck: Ende November–Ende Dezember

Drei Nobelpreisträger feiert Lübeck: Thomas Mann und seine Familie im **Buddenbrookhaus** (April–Dez. 10–18, sonst 10–17 Uhr), und in einem Altstadthof stoßen **Willy-Brandt-Haus** (April–Dez. tägl. 11–18, sonst Di–So 11–17 Uhr) und **Günther-Grass-Haus** ❸ (April–Dez. tägl. 10–17, sonst Di–So 11–17 Uhr) fast aneinander. Mäzene haben in Lübeck seit Jahrhunderten Tradition: **Füchtingshof** und **Glandorps Gang** ❹ sind Wohnhöfe für ältere Bürger seit dem 17. Jh., **Behnhaus** und **Drägerhaus** ❺ (April–Dez. Di–So 10–17, sonst 11–17 Uhr) präsentieren moderne und alte Kunst in klassizistischen Stadtvillen, und das **Heiligen-Geist-Hospital** ❻ (April–Sept. Di–So 10–17, sonst 10–16 Uhr) versorgt schon seit dem 13. Jh. Kranke und Alte.

Die Schifferkirche **St. Jakobi** (Mai–Okt. 10–18, sonst Di–So 10–15/16 Uhr) steht passend der **Schiffergesellschaft** ❼ gegenüber, Zunfthaus der Seefahrer und bis heute zünftiges Restaurant mit historischem Interieur.

Altstadtromantik erlebt man beim Spaziergang vom **Burgkloster** ❽ (April–Dez. Di–So 10–17, sonst 11–17 Uhr) durch »Gruben« (Hauptstraßen) und »Gänge« (Hinterhofgassen) und entlang der Trave zum Wahrzeichen **Holstentor** ❾ (April–Dez. tägl. 10–18, sonst Di–So 11–17 Uhr) und den backsteinernen **Salzspeichern** ❿. Ein Kaleidoskop Lübecker Baustile liefert die Kopfsteinstraße **Große Petersgrube** ⓫.

Den besten Ausblick auf Lübeck hat man vom Kirchturm **St.-Petri** ⓬ (April–Sept. 9–21, sonst 10–19 Uhr), und zweitürmig steht am Südrand der Altstadt der ehrwürdige **Dom** ⓭ von 1173 (April–Okt. 10–18, sonst 11–16 Uhr). Eine besondere Perle ist das einstige **St.-Annen-Kloster** ⓮ (April–Dez. Di–So 10–17, sonst 11–17 Uhr), das in seinen alten Mauern (St.-Annen-Museum) und in einem Neubau (Kunsthalle St.-Annen) alte und moderne Kunst vereint.

■ **Einkehr** Café Niederegger, Breite Str. 89, tägl. 9/10–18/19 Uhr; Lübecker Kartoffelkeller, Koberg 6–8, Tel. 0451/762 34, tägl. ab 12 Uhr; Schiffergesellschaft, Breite Str. 2, Tel. 0451/767 76, tägl. 10–1 Uhr

Hinterhofhäuschen in einem »Gang« der Lübecker Altstadt.

Oben:
Alte Salzspeicher an der Trave.
Unten:
Der Lübecker Dom am Rande der mittelalterlichen Stadt.

9

Warnemünde – auf dem Fernwanderweg E9 Atlantik–Ostsee

■ Ausflugsart
Wanderung, Nostalgiebahnfahrt, Schifffahrt, Stadtrundgang
■ Ausflugsdauer
2 Tage
■ Ausgangs-/Endpunkt
Warnemünde
■ Bevorzugte Monate
Mai, Juni, Juli
■ Anfahrt
Bahn: bis Rostock, Straßenbahn; Auto: A 19, B 105 und B 103: 10 km; Flug: Rostock-Laage, Bustransfer 45 Min.
■ Karten
Rad- und Wanderkarte 1:30 000 (Verlag Grünes Herz): Rerik, Kühlungsborn; Bad Doberan, Warnemünde; Graal-Müritz, Rostocker Heide
■ Einkehr
Hellas Teepott, Seepromenade 1, Tel. 0381/510 74 40, www.hellas-teepott.de, tägl. ab 11 Uhr; Bier- und Branntweinkontor, Am Strom 49, Tel. 0381/519 04 84, www.branntweinkontor.de, tägl. ab 11 in der Saison
■ Hotelvorschläge
Hotel Zum Strand, Luisenstr. 4, Tel. 0381/543 33, www.hotel-zum-strand.de; Yachthafenresidenz Hohe Düne, Am Yachthafen 1, Tel. 0381/504 00, www.hohe-duene.de
■ Information
Am Strom 59/Ecke Kirchenstr., Tel. 0381/54 80 00, www.warnemuende.travel, www.rostock.de

Der Europäische Fernwanderweg E 9, »Internationaler Küstenweg Atlantik–Ostsee« vollführt auf seiner ca. 4500 km langen Route so manchen Schlenker ins Binnenland, aber östlich und westlich von Warnemünde macht er seinem Namen alle Ehre: Das Meer ist die Leitlinie, per Schiff kann man die Route auch von der Seeseite aus genießen. Man lernt Heiligendamm kennen, Deutschlands erstes Seebad, in dem 2007 der G-8-Gipfel tagte, und man sollte unbedingt der Hansestadt Rostock einen Besuch abstatten.

Wandern von Warnemünde Richtung Atlantik – mit der Sonne im Rücken Westwärts von **Warnemündes** denkmalgeschütztem Restaurant **Teepott** und dem **Alten Leuchtturm** von 1897 wandert man auf der **Seepromenade** vorbei am **Hochhaus-Hotel Neptun** und lässt Warnemünde hinter sich für die 17 km lange Strecke nach Heiligendamm. Schmal wird der Strand, und der Weg schlängelt sich durch Busch und Wald. Die Landspitze des bewaldeten Küstenstreifens **Stolteraa**, wo die Ausflugsgaststätte Wilhelmshöhe

Staatlich anerkanntes Seebad ist **Warnemünde** und ein Teil der **Hansestadt Rostock**. Wie der Name verrät, liegt der Ort am Ausgang der **Warnow** in die Ostsee. Und da auf dem Fluss stets reger **Fährverkehr** in die skandinavischen Länder stattfindet, **Handelsschiffe** aus dem Rostocker Hafen in alle Welt fahren und in Warnemünde fast ständig **Kreuzfahrtschiffe** zu Besuch kommen, ist hier echtes maritimes Flair garantiert. Warnemündes zweite Seite ist der kilometerlange, herrlich breite **Sandstrand**, der den Ort zum Seebad prädestiniert. Hinter der Deichlinie und abseits der Hauptschifffahrtsroute entfaltet das ehemalige Fischerdorf Warnemünde eine gemütliche **kleinstädtische Atmosphäre** entlang dem **Alten Strom** mit netten Kneipen und Fischkuttern sowie durch seine schmalen Gassen und kopfsteingepflasterten Sträßchen. Eine ganz neue Seite von Warnemünde bietet am östlichen Warnow-Ufer der moderne **Yachthafen** mit einer ausgedehnten Hotel- und Wellnessanlage.

An der Mündung der Warnow spielt sich das Strandleben im Anblick riesiger Ostseefähren, Freizeitboote und Handelsschiffe aus aller Welt ab.

auf den Wochenendansturm gut vorbereitet ist (Badestelle!), bietet weite Ausblicke auf die Ostsee.

■ **Einkehr** Wilhelmshöhe, Waldweg 1, Warnemünde-Diedrichshagen, Tel. 0381/54 82 80, www.pension-wilhelmshoehe.de

Eine wunderschöne Waldpfad-Strecke empfängt die Wanderer bis zum **Ostseebad Nienhagen** (Badestelle!) und rund 4 km darüber hinaus: Durch das Naturschutzgebiet Nienhäger Holz windet sich der Weg am Hochufer, ständig mit Meerblick, durch urigen Buchen-Mischwald: Sein Name **Gespensterwald** leuchtet ein!

■ **Einkehr** Hotel Nienhäger Strand, Am Meer 1, Tel. 038203/811 88, www.hotelnienhaegerstrand.de

Jenseits des Walds wandert man zwischen Feld und Rosengebüsch, dann am Campingplatz von **Börgerende** (Badestelle!) vorbei. Auf den letzten 3 km Richtung **Heiligendamm** (Badestellen!) öffnet sich der Blick auch aufs Binnenland über Wiesen und Weiden und das Naturschutzgebiet um den **Conventer See** mit seltenem Vogelbestand wie Rohrdommeln, Beutel- und Bartmeisen.
Das Ostseebad Heiligendamm hat badetouristische Geschichte geschrieben: Hier gründete 1793 der Mecklenburgische Herzog Friedrich Franz I. das erste deutsche Seebad auf Anregung seines Leibarztes Samuel Gottlieb Vogel. Über viele Jahrzehnte des 19. Jh. war es Modebad des Adels; mehrere Verkäufe, Pleiten und die Konfiszierung während der Nazizeit sind an ihm vorübergegangen. 2007 fand hier der G-8-Gipfel statt – Heiligendamm schien ein paar Tage der Nabel der Welt zu sein.

Linke Seite:
Zwei Warnemünder Wahrzeichen: Der Restaurantpavillon »Teepott« ist ein architektonisches Schmuckstück der DDR-Epoche, der Leuchtturm stammt aus der Kaiserzeit.

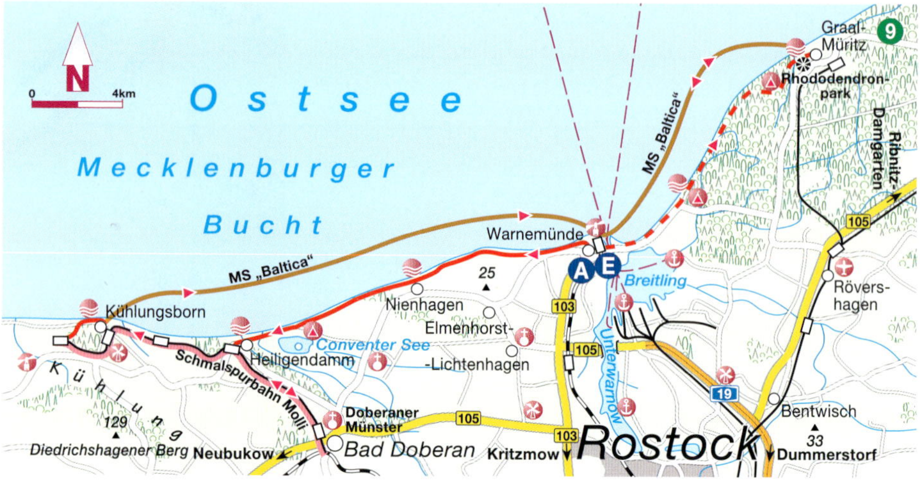

Der Ort ist winzig. Hervorstechend sind auf der Höhe der 200 m langen **Seebrücke** einige äußerst elegante, weiß leuchtende Hotelbauten, allen voran das klassizistische **Kurhaus** von 1816, heute ein Teil des Grand Hotel Heiligendamm mit Fünf-Sterne-Luxus. Dazu gehören auch Prachtvillen wie das Severin Palais oder die Burg Hohenzollern.

Seit 1886 dampft auf der 6,6 km langen Strecke zwischen Heiligendamm und Bad Doberan (wozu das Seebad verwaltungsmäßig gehört) die 900-mm-Schmalspurbahn **Molli**; 1910 wurde sie nach Kühlungsborn verlängert. Auf dieser ca. 15 km langen Route lässt man sich's im Salonwagen der 1. Klasse sogar bei einem Gläschen Sekt gutgehen.

■ **Mecklenburgische Bäderbahn** Tel. 038203/41 50, www.molli-bahn.de, April–Okt. Heiligendamm–Bad Doberan u. a. stündl. ab 9.59 Uhr (Fahrtzeit ca. 15 Min.); Bad Doberan Bhf./Heiligendamm–Kühlungsborn u. a. stündl. ab 9.36/10 Uhr (Fahrtzeit ca. 40/20 Min.)

■ **Tourist-Information** Severinstr. 6, Bad Doberan, Tel. 038203/621 54, www.bad-doberan.de

Links: Mitten durch Bad Doberan fährt der »Molli«.

Rechts: Deutschlands erstes Seebad Heiligendamm: In dem exklusiven Hotelkomplex fand der G8-Gipfel 2007 statt.

Interessant ist ein Abstecher ins Hinterland in die Kleinstadt und frühere Sommerresidenz der Mecklenburgischen Herzöge **Bad Doberan** – die Fahrt dauert mit dem Molli nur 15 Minuten. Kostbarstes Bauwerk ist hier das romanisch-gotische **Doberaner Münster** (Mai–Sept. Mo–Sa 9–18, So 11–18, Nov.–Feb. 9–16/11–16, sonst 9–17/11–17 Uhr, www.doberanermuenster.de). Die Kirche des ersten Zisterzienserklosters in Mecklenburg ist überraschend üppig ausgestattet, weil sie nach der Reformation Grablege des Herzoghauses war.

Vom einstigen Zisterzienserkloster ist noch das Münster von Doberan erhalten, eine für diesen Kolonisationsorden überraschend reich ausgeschmückte Kirche: Die Mecklenburgischen Herzöge nutzten sie als Grablege.

Mit schöner Aussicht genießt man die Fahrt des Molli von Heiligendamm nach **Kühlungsborn**, ein großer Teil der Strecke führt recht nahe der Ostsee-Steilküste entlang. Steigt man an der Endstation **Kühlungsborn West** aus, wandert man 4 km ostwärts zur **Seebrücke** durch das attraktive Seebad mit seinen gepflegten Villen in Bäderarchitektur – einige sind rund 100 Jahre alt. In **Kühlungsborn Ost** steigt bereits aus dem Zug, wer rascher zur Seebrücke gelangen will. Hier legt das **Schiff nach Warnemünde** um 18 Uhr (Mo, Mi, Fr, Sa) ab; bis Warnemünde passiert man noch einmal die schöne Ostseeküste und sieht sie diesmal von der Wasserseite.

■ **Einkehr** Mollis Lo(c)kschuppen, Bahnhof Kühlungsborn Ost
■ **Fahrplan** MS Baltica, Baltic Schifffahrt und Touristik, Schwarzer Weg 19, 18119 Rostock-Warnemünde, Tel. 0381/510 67 90, www.ms-baltica.com, Saison: Ende März–Anf. Nov., Fahrradmitnahme möglich; Warnemünde–Kühlungsborn (Fahrtzeit 1,5 Std.) Mi, Sa 8, Do 10 und 13 sowie Mo, Mi, Fr, Sa 14.30 Uhr; Kühlungsborn–Warnemünde Do 14.30 und 17.30, Mo, Mi, Fr, Sa 18 Uhr; Warnemünde–Graal-Müritz So 14.30, Graal-Müritz – Warnemünde So 18 Uhr (Fahrtzeit 1,5 Std.)
■ **Achtung** Geänderte Termine zur Hanse-Sail Anfang August!

Zu Fuß oder per Schiff von Warnemünde nach Graal-Müritz Die MS Baltica macht am Sonntagnachmittag eine Fahrt von Warnemünde ostwärts entlang der Küste nach **Graal-Müritz**. Das slawische Wort »Müritz« weist auf die »Gegend am Meer« hin; seit Ende des Mittelalters waren Graal und Müritz Landgüter, später Dörfer. Die Mode seit Mitte des 19. Jh., an der See Urlaub zu machen, verwandelte die ländlichen Gemeinden in Strandbäder mit Sanatorien; sie wurden 1938 zu Graal-Müritz vereinigt. Der herrli-

che Sandstrand und schöne Parks und Wälder machen das Ostseeheilbad zur beliebten Sommerfrische. Eine große Attraktion im Mai/Juni ist der **Rhododendronpark** im Ortsteil Graal.
Die 15-km-Wanderung ab Warnemünde auf dem Europawanderweg E 9 beginnt mit der Querung der Warnow per **Fähre**. Das ist spektakulär, wenn gerade eine Skandinavien-Großfähre oder ein Frachtschiff vorbeikommt oder elegante Kreuzfahrtschiffe in der Warnow ankern. Hat man kurz darauf den Strand erreicht, passiert man als einzige Siedlung entlang der Wanderstrecke den bescheidenen Strandort **Markgrafenheide**. Dann geht es immer am Strand entlang durch das **Naturschutzgebiet Heiliger See** und durch den Wald **Rostocker Heide**, bis man Graal erreicht, wo am westlichen Ortsrand der Rhododendronpark liegt. Am Strand entlang kommt man zur **Seebrücke**, von der die MS Baltica nach Warnemünde zurückfährt.

■ Information Haus des Gastes, Rostocker Str. 3, Ortsteil Graal, Tel. 038206/70 30, www.graal-mueritz.de
■ Einkehr
Waldhotel, Parkstr. 5, OT Graal, Tel. 038206/141 75, www.waldhotel-ostsee.com; Restaurant Kähler, Zur Seebrücke 18, OT Müritz, Tel. 038206/798 06, www.hotel-kaehler.de

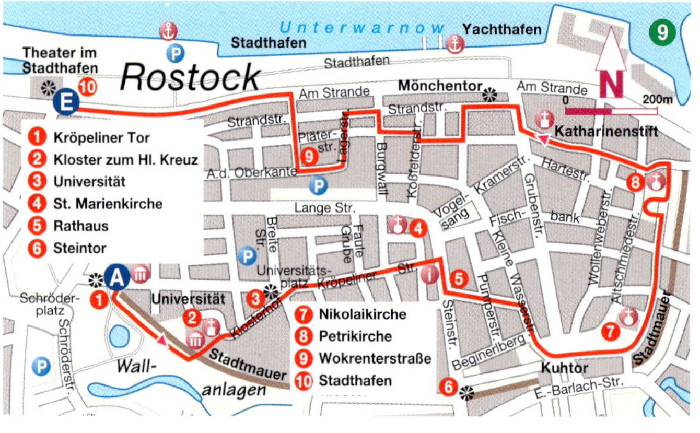

Stippvisite in Rostock Wer auf die Wanderung nach Graal-Müritz verzichtet und mit der MS Baltica nachmittags eine Rundreise dorthin macht (man hat dort 2 Std. Aufenthalt), hat am Vormittag Zeit genug für einen Rostock-Bummel.
Nahe dem **Kröpeliner Tor** ❶, dem prächtigsten von einst 22 Stadttoren, findet man ein Stück der noch vorhandenen **Stadtmauer**, mit der sich die bedeutende Hansestadt im Mittelalter umgab. Südwärts des Backsteintores wurde die Stadtbefestigung intensiv restauriert. Ein Durchgang führt zum **Kloster Zum Heiligen Kreuz** ❷, eine Gründung der Dänenkönigin Margarete 1270 für Zisterzienserinnen. In den restaurierten Räumen zeigt heute das **Kulturhistorische Museum** anhand seiner Schätze u. a. die Geschichte der Stadt auf.

■ Kulturhistorisches Museum Klosterhof, Tel. 0381/20 35 90, www.kulturhistorisches-museum-rostock.de, Di–So 10–18 Uhr

Gemütlich sitzt man in Rostocks Fußgängerzone Kröpeliner Straße vor dem Fünfgiebelhaus.

Die schlichte Klosterkirche dient der **Universität** als Konzertraum. Deren **Hauptgebäude** ❸ ist mit wenigen Schritten erreicht, ein imposanter Bau von 1870; die Alma Mater entstand allerdings bereits 1419. Folgt man der Fußgängerzone **Kröpeliner Straße**, kann man sich trotz der modernisierten Fassaden die hansestädtische Geschäftigkeit darin vorstellen. Sichtbar wird der Kaufmanns-Reichtum auch an der wuchtigen gotischen **St. Marienkirche** ❹ und ihrer kostbaren Schätze; auch das mehrfach erweiterte **Rathaus** ❺ am **Neuen Markt** spiegelt den Stolz der Kaufleute wider. Vom Marktplatz aus, wo sich auch die Touristeninformation befindet, kann man das zierliche **Steintor** ❻ erkennen. Kleinere, oft kopfsteingepflasterte Gässchen durchziehen die historischen Stadtviertel bis zur östlichen Stadtmauer. Eine interessante Neuverwendung fand während der DDR-Zeit die gotische **Nikolaikirche** ❼: In ihrem Gemäuer entstanden Wohnungen. Sehr zu empfehlen ist der Besuch der **Petrikirche** ❽, deren zerstörter spitzer Turm 1995 wiedererrichtet wurde. Einen fantastischen Ausblick über Rostock hat man von dort oben (Alter Markt, tägl. 10–16/17 Uhr, Lift).

Das Stadtviertel zur Warnowseite wurde zur DDR-Zeit in ein durchgrüntes Wohnviertel verwandelt, in dem einige historische Häuser, wie die in der **Wokrenterstraße** ❾, in Farbigkeit und Größe das Vorbild für die modernen Bauten abgaben. Am Warnowufer im **Stadthafen** ❿ liegen meistens ein paar interessante alte oder neue Schiffe; hier gehen auch Hafenrundfahrten ab. Während der **Hanse Sail**, einer internationalen Traditionsseglerparty Anfang August, wird aus dem Ufer eine riesengroße Festmeile.

Rostocks gotisches Rathaus erhielt in der Barockzeit eine Schaufassade vorgeblendet.

■ **Tourist-Info** Neuer Markt 3, Tel. 0381/381 22 22, www.rostock.de, www.rostock.travel

■ **Einkehr** Zur Kogge, Wokrenterstr. 27, Tel. 0381/493 44 93, www.zur-kogge.de; Alex, Neuer Markt 16/17, Tel. 0381/20 37 60, www.alexgastro.de

10 Zwischen Ostsee und Bodden – Zingst, Darß und Hiddensee

■ **Ausflugsart**
Radel- und Schiffstour
■ **Ausflugsdauer**
3 Tage
■ **Ausgangs-/Endpunkt**
Seeheilbad Zingst/Barth
■ **Bevorzugte Monate**
August–Oktober (Kraniche ab Mitte Aug.)
■ **Anfahrt**
A 19 Rostock-Ost, B 105 Löbnitz, Landstr. über Barth
■ **Karten**
ADFC Regionalkarte Rügen, Fischland-Darß 1:75 000
■ **Einkehr**
Seepferdchen, Seestr. 53, Tel. 038232/840, www.hotel-seebruecke.net; Schlößchen Sundische Wiese, Tel. 038232/81 80, www.hotelschloesschen.de.
■ **Hotelvorschläge**
Captain Pahlens Landhaus, Barther Str. 11, Tel. 038232/168 10, www.captainpahlen.de; Hotel Restaurant Marks, Weidenstr. 17, Tel. 038232/161 40, www.hotel-marks.de
■ **Information**
Seestr. 56, Tel. 038232/81 50, www.zingst.de

Die Bodden, die seichten Buchten vor der mecklenburg-vorpommerschen Ostseeküste, liegen im Schutz von Inseln und Halbinseln wie Hiddensee, Darß und Zingst, die sich gut per Rad erkunden lassen. Die Inselwelt der Bodden ist ideale Zuflucht für Abertausende von Vögeln und anderen Tieren; fast unwirklich ist eine Schifffahrt durch diese Landschaft aus Land und Meer. Markant hebt sich daraus seit dem Mittelalter das Panorama der alten Hansestadt Stralsund heraus.

■ **1. Tag** Radeln Zingst/Pramort 40 km **2. Tag** Schiffsausflug Hiddensee oder Stralsund, Besichtigungen; **3. Tag** Radeln Darß, Fischland 45 km.

Erkundungstour per Rad in den Osten der Halbinsel Zingst (ca. 40 km)
Wer den Zingst besucht, ist bei der Natur zu Gast: Darß und Zingst sowie große Teile der Boddengewässer und ein Teil der Ostsee mit Partien der Inseln Hiddensee und Rügen bilden den **Nationalpark Vorpommersche Boddenlandschaft**. Das einstige Fischerdorf Zingst sichert sich wegen ständiger Überschwemmungsgefahr bei Stürmen ringsum mit Deichen. Spaziergänger,

Nationalpark Vorpommersche Boddenlandschaft

Im **Seebad Zingst** auf der **Halbinsel Zingst** ist man von Wasser umzingelt: Im Norden zieht sich fast schnurgerade ein fast 20 km langer heller Sandstrand entlang der Ostseeküste, nur gut einen Kilometer südlich ist die Boddenküste wiesengrün oder schilfreich und voller Buchten.

Bodden heißen die seichten Buchten vor der Mecklenburg-Vorpommerschen Küste, die durch das Ansteigen des Ostsee-Wasserspiegels nach der letzten Eiszeit entstanden. Das überflutete Land wurde so zum Meeresboden (niederdeutsch: Bodden). Halb Meer, halb Land könnte man die Gegend hier nennen: Am Bodden verlanden Buchten, an der Ostsee wird Sand verdriftet, und neue Inseln entstehen. Stürme haben Land auseinandergerissen oder wieder zusammengefügt, und der Mensch hat mit Deichen oder anderen Baumaßnahmen die Landschaft verändert. Der **Zingst** war eine Insel, bis der sog. Prerower Strom, ein Seegatt, durch Deichbau 1874 geschlossen wurde. So entstand eine Halbinselkette mit annähernd 40 km Ostsee-Strandlinie mit dem Zingst im Osten, dem **Darß** in der Mitte und schließlich dem **Fischland**, das im Südwesten die Verbindung zum Festland herstellt.

Jogger und Radler schätzen die erfrischenden Aussichten von diesen erhöhten Wegen.
Für die Fahrrad-Rundtour (Fernglas nicht vergessen!) fährt man ab Seebrücke ostwärts auf dem Seedeich entlang, danach durch den **Osterwald**. Kurz hinter dem Gasthof Schlösschen befindet sich das **Nationalparkhaus Zingst/Sundische Wiese** (April–Sept. tägl. 10–17, sonst 10–16 Uhr). Hier erfährt man nicht nur alles Wichtige zu Flora und Fauna, sondern auch zur früheren Nutzung der Gegend (u. a. seit den 1970er-Jahren bis zur Wende intensive Rinderzucht) und wie sich die Natur von den zugefügten Schäden wieder erholen kann.
Auf den folgenden schnurgeraden sieben Kilometern durch die **Sundische Wiese** hat man freien Blick über ebenes Grünland bis zur Ostsee im Norden und dem Bodden im Süden. Dies ist streng geschützte Zone I des Nationalparks (d. h. Wege nicht verlassen!). Ein **Aussichtsturm** steht am Ende des Weges, am **Pramort**. Je nach Jahreszeit beobachtet man meist Scharen von Brut-, Zug- oder Rastvögeln. Besonderen Ansturm erhält der Aussichtsplatz im Frühjahr und Herbst zur Zugzeit von Tausenden Kranichen und Gänsen. Die 7 km lange Piste durchs Wiesenland muss man wieder zurückradeln, um dann am Rand des Osterwalds auf der südlichen Deichkrone die Boddenseite des Zingst kennenzulernen.

Am Pramort ist die Straße durch die Sundische Wiese zu Ende: Die Besucherplattform lädt ein zum Weitblick über die Boddenlandschaft und zur Beobachtung der reichen Vogelwelt.

Linke Seite:
Von der Sundischen Wiese auf dem Zingst schweift der Blick über den Bodden bis zum Festland.

Heide färbt die karge Dünenlandschaft von Hiddensee rötlich.

Auf den zwei Vogelinseln im Bodden, **Oie** und **Kirr**, brütet oder rastet eine schier unglaubliche Zahl an Watvögeln, unmittelbar gegenüber dem Dorf Zingst.

Per Schiff nach Hiddensee oder Stralsund Am Bodden liegt auch der **Hafen Zingst**; die Schiffe gleiten mehrere Kilometer durch den schmalen Zingster Strom hart an der Insel Kirr entlang. Man sollte auch die Schiffstour nach **Hiddensee** nicht ohne Fernglas antreten! Denn auf der gesamten Strecke durch die Boddenlandschaft gibt es immer wieder gute Gelegenheit zur Vogelbeobachtung – und fantastische Fernblicke auf die Küste, z. B. die Stadtsilhouette von Stralsund oder die elegante Rügenbrücke (s. S. 12-13).

■ **Schiffstouren ab Hafen Zingst** Reederei Zingst, Tel. 03831/26 81 16, -www.reederei-hiddensee.de, Vitte/Hiddensee: April–Okt., auf die Abfahrtstage achten! Hauptsaison Mitte Mai–Mitte Sept. Di–Fr, So Zingst–Vitte 9–12.30 Uhr, Vitte–Zingst 16.15–19.30 Uhr; Sa Zingst–Stralsund–Vitte: Ankunft/Abfahrt Stralsund 11.30/17.30 Uhr, Ankunft/Abfahrt Vitte 13.30/15.30 Uhr, Ankunft Zingst 20 Uhr
■ **Kranichfahrten** Mitte Sept.–ca. Mitte Okt. Mi, Fr 16 (Okt.) bzw. 16.30 Uhr (Sept.) ab Hafen Zingst, ca. 4,5 Std.

Die ca. 17 km lange und äußerst schmale Insel Hiddensee liegt wie ein Schutzschild vor Rügens Westseite. Der Bodden zwischen den beiden Inseln ist so seicht, dass die schmale Fahrrinne immer wieder ausgebaggert werden muss und die Schiffe nur mit reduzierter Geschwindigkeit fahren dürfen. Was man von hier nicht sieht: Hiddensees Westufer ist ein einziger langer Sandstrand.

Drei Dörfer hat die 19 km² große, autofreie Insel, deren Südteil, der **Gellen**, streng geschütztes Nationalparkgebiet ist und nicht betreten werden darf: **Neuendorf-Plogshagen** liegt etwa in der Mitte, **Kloster** im Norden und zwischen beiden der Hauptort **Vitte**, wo die Fähre aus Zingst anlegt. Vier Stunden (Sa nur zwei) hat man nun auf der Insel, in denen man zu Fuß die üppige Natur auf dem **Dornbusch**, dem bis 72 m hohen Nordteil der Insel, erkunden und auch das uralte Dorf **Kloster** besichtigen kann. Wer die ganze Insel sehen will, leiht sich ein Fahrrad. Allerdings kann man damit nicht den schönsten Teil, die Westseite des Dornbuschs befahren; Kutschen stehen u. a. für Touren nach Kloster bereit.

Dem Nationalparkhaus am Ortsausgang von Vitte auf Hiddensee sollte man unbedingt einen Besuch abstatten.

Auf dem breiten Weg nordwärts Richtung Kloster passiert man am Ortsausgang von Vitte das **Nationalparkhaus** und am Ortsrand des 2 km entfernten Kloster das kleine **Heimatmuseum** in der Seenotstation von 1888. Herrlich ist die Aussicht aufs Meer vom busch- und baumbestandenen **Höhenwanderweg**, der von hier oberhalb des Kliffs entlangführt; bei klarem Wetter sieht man die dänische Insel Møn. Im Wald liegt das Kultrestaurant **Klausner**, östlich davon erreicht man auf Hiddensees höchster Erhebung den 28 m hohen **Leuchtturm** von 1888, das Wahrzeichen der Insel. Bis nach Stralsund und weit nach Rügen hinüber kann man von dieser Stelle schauen. Kloster erhielt seinen Namen von einem Zisterzienserkloster, das hier vom 13. bis zum 16. Jh. existierte; nichts davon ist heute sichtbar. Wunderhübsch ist die kleine **Inselkirche,** und der anschließende **Friedhof** zeigt, dass die Insel seit dem 19. Jh. bei Künstlern und Schriftstellern beliebt war. Viele Gäste kommen, um den schlichten Grabstein von **Gerhart Hauptmann** zu sehen, dessen **Haus** nur wenig weiter am Kirchweg steht: ein aufschlussreiches Zeugnis für die Epoche des Literatur-Nobelpreisträgers (1862–1946) und seiner Zeitgenossen.

Nach Vitte zurück nimmt man zur Abwechslung den Weg auf dem Deich auf der grünen Boddenseite der Insel.

■ **Einkehr** Zum Klausner, Dornbuschwald, Tel. 038300/66 10, Feb.–Okt.; Hitthim, Hafenweg 8, Kloster, Tel. 038300/66 60

■ **Besichtigung** Nationalparkhaus, Vitte, Weg nach Kloster, April–Okt. tägl. 10–16, sonst 10–15 Uhr; Gerhart-Hauptmann-Haus: Kirchweg 13, Kloster, Mai–Okt. 10–17, sonst 11–16 Uhr, Jan. geschl.; Kirche in Kloster tagsüber geöffnet

Hiddensees nördlicher Teil, der »Dornbusch«, ist ein Stück Geest mit einem 62 m hohen Hügel. Darauf prangt der Leuchtturm, das Wahrzeichen der Insel.

Stralsund Wer auf Hiddensee verzichtet, hat mit der alten **Hansestadt Stralsund** (UNESCO-Welterbe) eine hochinteressante Alternative.

■ **Anfahrt** Zingst–Barth: Bus Nr. 210, stündl., Usedomer Bäderbahn Barth–Stralsund alle 2 Std., www.ubb-online.com, per Schiff Sa ab Zingst, s. o.
■ **Einkehr** Hiddenseer Hafenkneipe, Hafenstr. 12, Tel. 03831/289 23 90; Kornhus Bistro & Café, Ossenreyerstr. 5 (Fußgängerzone), Tel. 03831/27 82 09
■ **Information** Alter Markt 9, Stralsund, Tel. 03831/24690, www.stralsundtourismus.de

Nahe beieinander stehen Nikolaikirche und das gotische Rathaus in der alten Hansestadt Stralsund.

Nicht verpassen sollte man einen Rundgang durch die Gässchen der **Altstadt** mit ihren Hunderten mittelalterlicher Kaufmannshäuser innerhalb der Reste der **Stadtmauern** und einiger erhaltener **Stadttore**. Eindrucksvoll ist das **Rathaus** mit seiner Schaufassade und einem Durchgang direkt zur überreich ausgestatteten und in ihrer gotischen Farbigkeit wiederhergestellten **Nikolaikirche** (tägl. geöffnet). Die gewaltige gotische **Marienkirche** ist berühmt für ihre **Barockorgel** und bietet vom Turm einen fantastischen **Ausblick** weit über den Strelasund nach Rügen und Hiddensee (tägl. geöffnet). Sehr ansprechend ist Stralsunds **Hafen**, wo neben Fähren, Ausflugsschiffen und dem spektakulären **Segelschulschiff Gorch Fock** auch zahlreiche stolze Jachten liegen. Überragend ist Stralsunds Museumslandschaft: Besuchermagnet ist der futuristische Bau des **Ozeaneums** (Juni–Sept. tägl. 9.30–21, sonst 9.30–19 Uhr), während das ebenfalls ausgezeichnete **Meeresmuseum** (tägl. 10–17 Uhr) auf eingezogenen Etagen geschickt in der gotischen Katharinenkirche untergebracht ist. In den eleganten historischen Räumen des St. Katharinenklosters zeigt das **Kulturhistorische Museum** so kostbare Exponate wie den Hiddenseer Goldschatz aus der Wikingerzeit (Di–So 10–17 Uhr).

Im futuristischen Ozeaneum am Stralsunder Hafen fühlt man sich mitten unter den Meerestieren.

Radeln durch den Darß nach Ahrenshoop Ohne den Darß wäre ein Besuch des hiesigen Nationalparks nicht komplett. Im Westen des netten, alten Fischerorts **Prerow** mit seinen gemütlichen Kapitänshäusern zieht sich ein umfangreiches Waldgebiet hin – ein regelrechter Urwald –, aber auch Forstgebiete, die die feuchten Senken und Dünen dieses recht jungen Landzuwachses bedecken. Das **Natureum** im 1848 erbauten **Leuchtturm Darßer Ort** informiert darüber. Den Turm sollte man unbedingt wegen der tollen Fernsicht besteigen: Von hier ist bei klarer Sicht die dänische Insel Møn erkennbar, vor allem aber die schöne, geschwungene Strandlinie der Ostsee, deren Sand im Westen entlang der Halbinsel abgetragen und im Norden, am **Darßer Ort**, angeschwemmt und abgelagert wird.

■ **Natureum Darßer Ort** Besichtigung Mai–Okt. tägl. 10–18, sonst Mi–So 11–16 Uhr (April tägl.), www.meeresmuseum.de/natureum
■ **Einkehr** Café am Leuchtturm, Innenhof des Natureums Darßer Ort

Schattiges Radeln verspricht der Darßer Wald, dann führt der Radweg auf der Deichlinie südwärts zum Künstlerdorf **Ahrenshoop**. Landschaftsmaler haben vor über 100 Jahren dieses Dorf für sich entdeckt, und auch heute zieht der Ort mit seinen reetgedeckten Katen Künstler an: Galerien und Kunsthandwerkerateliers säumen die wenigen Sträßchen, und nette Cafés verführen zum Kuchenessen.
Einen winzigen Hafen hat Ahrenshoop auf der geschützten Boddenseite, die nur ein paar Hundert Meter von der Ostsee entfernt liegt. Von der Deichlinie am Bodden entlang hat man vielleicht Glück und erspäht eines der traditionellen **Zeesboote** mit dunkelbraunen Segeln, während man ostwärts den Darß über **Born** und **Wieck** umrundet. Über die Natur dieser Landschaft informiert sehr einleuchtend die **Darßer Arche** in Wieck mit hervorragenden Bildern und Skizzen, und bereichert kehrt man nach Zingst zurück.

■ **Umweltzentrum Darßer Arche** Wieck, Mai–Okt. tägl. 10–18, sonst Mi–So 10–16 Uhr

Am Weststrand des Darß fegt der vorherrschende Westwind über die schüttere Vegetation und biegt Bäume und Büsche ostwärts: »Windflüchter« nennt man die standhaften Pflanzen.

11 Von Binz aus Rügens schönen Osten erleben

Ausflugsart
Schiffs- und Bahnfahrt, Wanderungen

Ausflugsdauer
2 Tage

Ausgangs-/Endpunkt
Binz/Rügen

Bevorzugte Monate
Mai, September

Anfahrt
Bahn: Direktzüge nach Binz von Hamburg, Berlin, Frankfurt, Köln; Auto- bzw. Nachtzüge s. www.dbautozug.de und www.dbnachtzug.de; Auto über Stralsund und Rügenbrücke, B 96 Bergen, B 196 nach Binz

Karten
ADFC Regionalkarte Rügen, Fischland-Darß 1:75 000

Einkehr
niXe, Strandpromenade 10, Tel. 038393/14 90 14, www.nixe.de; Fischrestaurant Poseidon, Lottumstraße 1, Tel. 038393/26 69, www.ruegen-schewe.de

Hotelvorschläge
Rugard Strandhotel, Strandpromenade 62, Tel. 038393/560, www.rugard-strandhotel.de; Hotel Imperial, Strandpromenade 20, Tel. 038393/13 80, www.karin-loew-hotellerie.de

Information
Haus des Gastes, Heinrich-Heine-Straße 7, Tel. 038393/14 81 48, www.ostseebad-binz.de

Das traditionsreiche Seebad Binz ist für einen Wochenendurlaub allein schon dank seiner direkten Bahnanbindung der ideale Ausgangspunkt zur Erkundung der Schönheiten von Rügen. Hier an der Ostseite von Deutschlands größter Insel liegen die besten Sandstrände, die dichtesten Wälder und die weltberühmten Kreideklippen. Die vergnügliche Fahrt mit dem Dampfzug »Rasender Roland« endet in dem erst im 19. Jh. gegründeten Städtchen und noblen Seebad Putbus, dessen charmante klassizistische Bauten heute wieder im alten Glanz erstrahlen.

Binz kennenlernen Das Seebad **Binz** kuschelt sich malerisch an die bewaldeten Hänge des Forsts **Granitz**, an der Ostseite zieht sich der makellose Sandstrand entlang der Bucht **Prorer Wiek**, und im Westen liegt der **Schmachter See**: Mehr Urlaubslandschaft geht kaum! Dazu hat dies kleine, überschaubare Seebad seine prächtige Bäderarchitektur wiederaufleben lassen. Villen und Strandhotels entstanden Ende des 19./Anfang des 20. Jh. und sind meist überaus zierlich mit geschnitzten Balkonen oder eisernem Gitterwerk verziert. Unmittelbar nach dem Weltkrieg wurden Flüchtlinge in den Hotels untergebracht, und 1953 wurden im Rahmen der »Aktion Rose« die Hotelbesitzer enteignet und vertrieben. Das schöne Ensemble entlang der über 3 km langen **Strandpromenade** wurde nach der Wende ab 1990 wieder zum Leben erweckt, auch die seither entstandenen neuen Hotels drängen sich nicht auf. Zentrum der lindengesäumten Promenade ist der **Kurplatz**: Regelmäßige Kurkonzerte unterhalten die Gäste von Mai bis Oktober, und an hübschen Ständen zeigen Kunsthandwerker ihre Arbeiten.

Farbenrausch an Rügens herbstlicher Kreideküste.

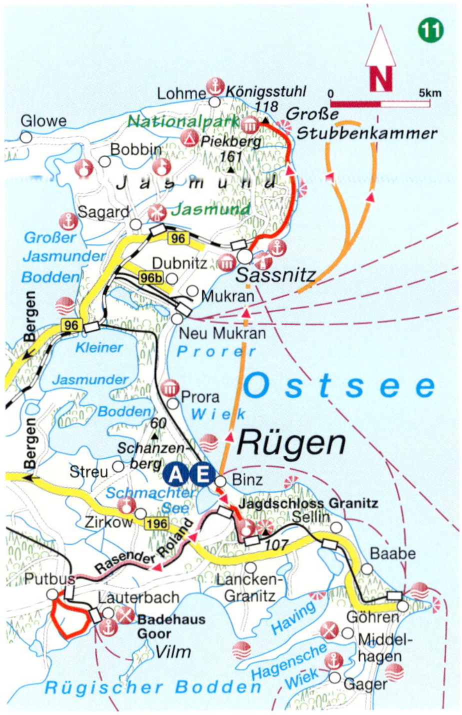

Bestens gepflegt ist die Bäderarchitektur an der Binzer Strandpromenade.

Geruhsam ist die »Rückseite« des Orts am Schmachtener See mit der Grünanlage **Park der Sinne**.

Per Schiff und zu Fuß entlang der Kreideküste Rügens Kreideküste, die während der Eiszeit aus dem tieferen Untergrund an die Erdoberfläche gepresst wurde, ist sicherlich die eindrucksvollste Naturerscheinung der Insel. Am berühmten Königsstuhl fällt der weiße Steilhang 117 m ab ins grünblaue Meer. Einen großartigen Überblick bekommt man vom Schiff aus – am besten vormittags, wenn die Sonne das viele Kilometer lange Kreidekliff strahlend weiß erscheinen lässt, während der dichte Wald über den Felsen kräftig grün leuchtet. Das Rundfahrtschiff, das Binz um 10 Uhr verlässt, ist gegen 11.30 Uhr auf der Höhe des Königsstuhls. Fotoapparate und Ferngläser sind dann fleißig im Einsatz.

Besonders eindrucksvoll zeigt sich die dramatische Kreideküste während einer Schiffstour.

Das Meer vor der Küste ist recht flach, denn schon viele Hundert Meter hat die Ostsee von der Kreideküste abgenagt. Daher müssen sich Schiffe in gebührender Entfernung vom Ufer entlangbewegen.

■ **Reederei Ostsee-Tour** www.reederei-ostsee-tour.de, Kreidefelsen-Rundfahrt April–Okt. bis 5-mal tägl., erste Tour ab Binz 10 Uhr

Vom beschaulichen Hafen Sassnitz starten Rundfahrten zur Kreideküste.

Die Steilküste wirkt noch grandioser, wenn man sie aus der Nähe betrachtet. Dazu verlässt man das Schiff auf dem Rückweg in **Sassnitz**, wo es gegen 12 Uhr anlegt. In dem hübschen, geschäftigen Hafenort macht man am besten eine kurze Mittagspause, bevor man zum ca. 2,5-stündigen (oder längeren, wenn man vom »Sammelfieber« am Strand gepackt wird) Weg zum Königsstuhl aufbricht.

■ **Einkehr** Gastmahl des Meeres, Strandpromenade 2, Sassnitz, Tel. 038392/51 70, und weitere Restaurants an der Strandpromenade

Wie ein grüne Kulisse umgeben bewaldete Hügel das kleine Sassnitz. Der Wald gehört zum **Nationalpark Jasmund**, dem kleinsten Deutschlands. Man begibt sich zum Nordosten des Ortes, dem Buswendeplatz Wedding (Bus Nr. 18) und folgt der blau-weißen Markierung des **Europäischen Fernwanderwegs Nr. 10** (E 10, Ostsee–Mittelmeer) durch den Buchenwald, immer entlang der hohen Küste. Die Wanderung ist Anfang Mai, wenn das Laub noch viel Sonnenlicht auf dem Waldboden zulässt, ein traumhafter Spazierweg durch Blütenteppiche von u. a. Buschwindröschen und Siebensternen.

Die Ostsee zieht magisch den Blick auf sich: Das Wasser ist dank des Kreideuntergrunds nahe dem Ufer türkisfarben, in der Ferne dunkelblau. Mächtige Fähren und kleine Schiffe beleben dort die Szene. Tief eingeschnittene Schluchten und atemberaubende Aussichtspunkte lassen einen staunend innehalten. An wenigen Stellen, z. B. am Taleinschnitt des **Kieler Bachs** auf der Hälfte des Weges zwischen Sassnitz und dem Königsstuhl, hat man die Chance, über Leitern zum steinübersäten Ufer hinunterzuklettern. **Hohes Ufer** heißt es

Solange das Laubdach der Buchen im Nationalpark Jasmund noch nicht voll entfaltet ist, blühen abertausende Anemonen auf dem Waldboden.

hier, und es türmt sich dramatisch vor einem auf, wenn man an der Kreidewand emporschaut. Sie ist vielfach zerfurcht, und Querbänder von dunklen Feuersteinen durchziehen sie. Ausgewaschene Feuersteine und Steine mit Fossilien bedecken das Ufer, aber ebenso liegt hier das bunteste und vielfältigste Geröll aus eiszeitlichen Moränen wahllos herum, vom Riesen-Findling bis zum handlichen Kiesel. Dazwischen ragen bizarre Äste und ausgeblichene Überreste herabgestürzter und angeschwemmter Bäume heraus: ein faszinierendes Natur-Sammelsurium, das so manchen zur Schatzsuche animiert!

Eine wahre Schatzsuche ist die Wanderung am Fuß des Kreidekliffs: Millionen gerundeter Kiesel und Findlinge, seltsam geformte Feuersteine, Treibholz und gelegentlich sogar Bernstein kann man hier finden.

In schönen Windungen zieht sich der Weg am Hochufer durch den kleinen **Nationalpark Jasmund** hin, sodass man den **Königsstuhl** schon erblickt, bevor er erreicht ist. Wer den berühmten Gesteinsvorsprung betreten will – und das sind viele! –, muss erst mal zahlen.

Neben dem Eingang gibt das **Nationalpark-Zentrum Königsstuhl** aufschlussreiche Einblicke in die hiesige Naturgeschichte und erklärt, wie die Menschen dieses schöne Fleckchen Erde von der Steinzeit bis heute nutzten.

■ **Besichtigung** Nationalpark-Zentrum Königsstuhl, Ostern–Oktober tägl. 9–19, sonst 10–17 Uhr, www.koenigsstuhl.com; Eintritt
■ **Busfahrt** Rügener Personennahverkehr, www.rpnv.de;
Bus 20 Königsstuhl–Binz alle 30 Min. (Fahrtdauer ca. 1 Std.)

Mit dem Bus fährt man nach Binz zurück, mit schönem Ausblick auf die **Halbinsel Jasmund** und den **Fährhafen Mukran**, wo

Schiffe in viele Ostseeländer abgehen. In **Prora**, kurz vor Binz, passiert man die 4,5 km lange, monströse Gebäudezeile, die zur Hitlerzeit als Ferienanlage (»KdF-Seebad«) für Zehntausende geplant, aber nie genutzt wurde. Ein Teil des Komplexes wird derzeit von Investoren in moderne Hotel- und Freizeitstätten verwandelt; aufschlussreiche Informationen und interessante Kulturveranstaltungen bietet das **Dokumentationszentrum Prora**.

Die monströse Ferienanlage von Prora aus der Luft

■ **Dokumentationszentrum Prora** Block 3, Tel. 038393/139 91, www.proradok.de, Juni–August tgl. 9.30–19, Nov.–Feb. 11–16, sonst 10–18 Uhr

Lassen Sie den Abend in einem der viel gepriesenen Restaurants in den feinen Hotels entlang der Binzer Strandpromenade ausklingen!

Rügen auf die gemächliche Tour mit dem »Rasenden Roland« Ist der Tag klar, sollte das erste Ziel das klassizistische **Jagdschloss Granitz** sein. Gut 3 km durch den Forst Granitz läuft man von Binz zu der märchenhaften Anlage auf dem 109 m hohen Tempelberg, die Fürst Wilhelm Malte I. zu Putbus ab 1837 in Auftrag gab. Weithin sichtbar ist der zinnenbekrönte **Aussichtsturm**, dessen Entwurf von dem damaligen Stararchitekten Karl Friedrich Schinkel stammt. Über eine schmuckvolle eiserne Wendeltreppe gelangt man zur Aussichtsplattform in 144 m Höhe und hat von dort einen fantastischen Rundblick über Rügen.

Zuverlässig dampft der »Rasende Roland« in vielen Kurven zwischen Putbus und Göhren.

■ **Jagdschloss Granitz** Mai–Sept. tägl. 9–18, sonst Di–So 10–16 Uhr, www.jagdschloss-granitz.de
■ **Rügensche Bäderbahn** »Rasender Roland«, Sommerfahrplan Mitte Mai–3. Okt. 7-mal tägl. zweistündlich Putbus–Binz, 13-mal tägl. stündlich Binz–Göhren

Mitten im Wald liegt die Bedarfshaltestelle »Jagdschloss« der **Rügenschen Bäderbahn**, bekannter unter dem Namen »**Rasender Roland**«. Die über 100-jährige Schmalspurbahn (750 mm Spurweite) dampft zwischen Göhren und Putbus hin und her und lässt sich für die 24,2 km 1 Std. 15 Min. Zeit. Sie ist das Überbleibsel eines einst 100 km langen Schienennetzes auf Rügen und dient erst in jüngerer Zeit als Touristenspaß. Man kann sich sogar zum Ehrenlokführer ausbilden lassen! Vom Bahnhof in **Putbus** sind es nur ein paar Schritte zu dem großzügigen kreisrunden Platz **Circus**, den klassizistische weiße Gebäude umstehen. Weitere Prachtbauten reihen sich entlang der Alleestraße, z. B. die **Orangerie** auf der Seite des Schlossparks oder das säulengeschmückte **Theater** gegenüber. Fürst Wilhelm Malte I. hatte 1816 hier das erste Seebad Rügens gegründet und stattete es für die verwöhnten Gäste mit städtischem Flair aus. Kurz vorher hatte Rügen seine Zugehörigkeit zu Schweden verloren und war preußisch geworden. Im 2 km entfernten **Lauterbach** entstand das prächtige **Badehaus Goor**, heute ein Vier-Sterne-Wellnesshotel mit einem feinen Restaurant. Der beschauliche Hafenort mit seiner entspannten Atmosphäre und dem schönen Blick auf die naturgeschützte **Insel Vilm** ist einen Besuch wert, bevor man mit dem »Rasenden Roland« die Rückfahrt nach Binz antritt.

■ **Tourist-Info** Alleestr. 35/Orangerie, Putbus, Tel. 038301/431, www.putbus.de
■ **Einkehr** Hafenhotel Viktoria mit Biergarten, Dorfstr. 1, Lauterbach, Tel. 038301/64 60
■ **Badehaus Goor** Fürst-Malte-Allee 1, Lauterbach, Tel. 038301/882 60, www.hotel-badehaus-goor.de
■ **Festspiele** Programme s. www.putbus-festspiele.de, www.festspiele-mv.de

Putbus

Schon bald nach der Gründung des Seebades Putbus erlangten die Badeorte im Osten Rügens mit ihren breiten Sandstränden größeren Publikumsverkehr als das eher am grünen Strand gelegene südliche Rügen um Putbus. Der Badebetrieb schlief hier ein. Das Putbusser Schloss wurde in den 1960er-Jahren entsprechend der DDR-Ideologie als unnötiges Überbleibsel aus der Feudalzeit abgebrochen. Heute sind der **Schlosspark** mit **Marstall** und **Schlosskirche** (dem früheren Kursaal) und das schmucke Theater ideale Aufführungsorte für die **Putbus-Festspiele** im Mai oder für Veranstaltungen der Festspiele Mecklenburg-Vorpommern während des ganzen Sommers.

Putbus, die Rosenstadt: Vor den weiß getünchten Bauten des klassizistischen Badeorts blühen Rosen in üppiger Pracht.

12 Kaiserbäder und Volksheime auf Usedom

Ausflugsart
Fahrrad- und Wandertour
Ausflugsdauer
2 Tage
Ausgangs-/Endpunkt
Heringsdorf
Bevorzugte Monate
Mai, Juni (Vorsaison)
Anfahrt
Bahn: Mitte Mai bis 3. Okt. Fr, Sa, So durchgehende D-Züge ab Berlin (Fahrtzeit ca. 4 Std.); Auto: A 20 Ausfahrt Anklam, B 110, 70 km; Flug: Direktflüge im Sommer von Bremen, Dortmund, Düsseldorf, Köln-Bonn, Frankfurt, Stuttgart, München, Zürich
Karten
Kompass Wander- und Bikekarte Insel Usedom 1:50 000, Nr. 738
Einkehr
Lukullus (im Weißen Schloss), Rudolf-Breitscheid-Str. 3, Tel. 038378/319 84, www.weissesschloss.de; Zur Klause, Strandstr. 6, Tel. 038378/226 32, www.klause-heringsdorf.de
Hotelvorschläge
Hotel Oasis, Strandpromenade, Tel. 038378/26 50, www.villa-oasis.de; Jugendherberge, Puschkinstr. 7–9, Tel. 038378/223 25, www.jugendherbergen-mv.de
Information
Kulmstraße 33, 17424 Seebad Heringsdorf, Tel. 038378/24 51, www.seebad-heringsdorf.org, www.usedom.de, www.drei-kaiserbaeder.de

Das bildschöne Seebad Heringsdorf profitiert noch heute von kaiserlichem Glanz. Was vor über 100 Jahren Rang und Namen hatte, machte in den Drei Kaiserbädern Urlaub. Die Insel Usedom lässt sich von hier per Fahrrad, zu Fuß und per Schiff ideal erschließen. Rasch ist man sogar über die EU-Binnengrenze nach Swinemünde/Polen geradelt oder gewandert. Die stillen Dörfer in Usedoms Hinterland bilden einen starken Gegensatz zum fast städtischen Trubel in den Seebädern.

Usedom zu Wasser Der schönste Einstieg für Neuankömmlinge auf Usedom: Wer schon am Freitagnachmittag in **Heringsdorf** eintrifft, sollte sich zum Eingewöhnen eine gemütliche Schiffstour entlang der Ostseite der Insel gönnen. »Seebrückenhopping« heißt die Schifffahrt vor der Küste Usedoms von Seebrücke zu Seebrücke der schönen Strandorte, die von Swinemünde (dem polnischen Świnoujście) aus angefahren werden. Das Schiff hält in den **Drei Kaiserbädern** Ahlbeck, Heringsdorf und Bansin sowie in Koserow und schließlich in Zinnowitz und tritt von dort gleich wieder den Rückweg an. Interessant und genussreich ist die Aussicht auf die viel befahrene Schifffahrtsroute nach Swinemünde

zur einen und das hohe, bewaldete Usedomer Steilufer zur anderen Seite. In der Ferne schimmert die Insel Wollin, mit Glück sieht man den Süden Rügens. Etwa 2,5 Stunden dauert die Fahrt Heringsdorf–Zinnowitz–Heringsdorf von der längsten Seebäderbrücke der Ostsee (508 m) und zurück.

■ **Adler-Schiffe** Seebrücke Heringsdorf, Tel. 038378/477 90, www.adler-schiffe.de, Seebrückenhopping nur Di und Fr, ab/bis Heringsdorf 17.05/20.40 Uhr

Die Drei Kaiserbäder Ahlbeck, Heringsdorf und Bansin am Endlosstrand von Usedom.

Die Drei Kaiserbäder An der See Urlaub zu machen, gehörte seit der Mitte des 19. Jh. zum guten Ton. Ein wahrer Boom setzte auf Usedom nördlich des seit 1824 bestehenden See- und Solbades Swinemünde an der Stelle kleiner Fischersiedlungen ein. Den Anfang machte der Usedomer Georg Bernhard von Bülow mit dem **Weißen Schloss** auf dem aussichtsreichen Hügel Kulm in Heringsdorf. Usedom wurde zur »Badewanne Berlins«, denn die Insel war per Zug von Berlin aus in gut zwei Stunden erreichbar. Ahlbeck, Heringsdorf und Bansin entwickelten sich zur Sommerfrische vor allem für die Berliner feine Gesellschaft. In den repräsentativen Bauten der damaligen Zeit fühlten sich aber nicht nur Geschäftsleute, Bankiers oder der Adel wohl – Kaiser Wilhelm II. bevorzugte Heringsdorf –, sondern die respektablen Bauten mit ihrer prächtigen Lage an der Ostsee waren auch kreative Stätten für Künstler und Schriftsteller. Auf einer **Führung** zu den Bauten der Bäderarchitektur lässt man sich heute nicht nur bauliche Details zeigen, sondern

Linke Seite:
Über Strand und Seebrücke von Heringsdorf geht die Sonne auf.

Prächtige Bäderarchitektur in Heringsdorf mit eleganten Appartements für heutige Touristen: Villa Hintze, Villa Oppenheim und Villa Staudt – hier lud Konsulin Staudt Kaiser Wilhelm II. zum Tee.

man erfährt gleichzeitig, wo die damaligen VIPs residierten. Auf jeden Fall lohnt sich der Besuch der **Villa Irmgard**, wo Maxim Gorki eine Zeit lang schreibend verbrachte. Aus ihr wurde eine Gedenkstätte für den russischen Dichter und ein Museum zur örtlichen Geschichte.

Veranstaltungen sind heute eine besondere Stärke der Drei Kaiserbäder. Stimmungsvoll ist der alte **Kursaal** in Heringsdorf; er eignet sich für klassische Musik ebenso wie für Modeschauen. Auch ein **Spielkasino** gehört zu der ehrwürdigen Institution. Aus den Konzertmuscheln an der Promenade, die die drei Strandbäder miteinander verbindet, schallt im Sommer flotte Musik. Heiß begehrt sind Karten für die Vorstellungen im **Theaterzelt Chapeau Rouge** (Ende Mai–Anfang August). Vor der Kulisse der blendend wieder hergerichteten bürgerlichen und herrschaftlichen Urlaubsquartiere veranstalten die Drei Kaiserbäder alljährlich im Mai ihre kulinarische Strandwanderung **Grand Schlemm** mit neun Stationen: Die Gäste spazieren am Sandstrand von Ahlbeck über Heringsdorf nach Bansin und machen ca. alle 500 m halt an exquisit gedeckten Tischen mit den feinsten Speisen: neun Gänge auf fünf Kilometern an frischer Ostseeluft. Das Kaiserbad Heringsdorf ist sich auch nicht zu schade für einen Massenevent für einen Eintrag ins Guiness-Buch der Rekorde: Zu Beginn der **Wellnesstage** im November/Dezember 2009 gingen Hunderte von Freiwilligen zum Kneipp'schen Wassertreten für ein paar Minuten in die Ostsee.

Nördliches Usedom und Wolgast Diesen Tag füllt eine Radtour mit Besichtigungen im Norden der Insel aus. Die lange und schmale Insel Usedom hat an ihrer Ostseite eine ziemlich gerade, fast un-

Attraktionen in/um Heringsdorf:

Nr. 1 **Museum Villa Irmgard**, Maxim-Gorki-Straße 13, 17424 Ostseebad Heringsdorf, Tel. 038378/22361, Mai–Okt. Di–So 10–18, sonst 10–16 Uhr

Nr. 2 **Theaterzelt Chapeau Rouge**, Strandpromenade, www.theaterakademie.info

Nr. 3 **Kunstpavillon** Promenade hinter dem Rosengarten, Mai–Okt. Di–So 14–18 Uhr

Ein paar Fischerboote nahe der Heringsdorfer Seebrücke erinnern daran, dass an der Küste vor Usedom ursprünglich Fischer zu Hause waren; zur Freude der Touristen sind sie nicht ganz verschwunden.

unterbrochene Strandlinie von enormen 40 km Länge. Weitgehend entlang dem Hochufer führt der **Fernradweg Berlin–Usedom** mit schönen Aussichten zum Strand und weit über die Ostsee.

■ **Fahrradverleih** Verleih Service Oberländer, Neuhofer Str. 38, Heringsdorf, Tel. 038378/316 84, www.urlaub-anbieter.com; fragen Sie ggf. nach Fahrrädern in Ihrem Hotel!
■ **Usedomer Bäderbahn (UBB)** Fahrpläne und Streckennetz: www.ubb-online.com

Kurz vor dem mittelalterlichen Dorf und heutigem Seebad **Koserow** passiert man den 60 m hohen **Streckelsberg**, der allerbeste Aussichten nach Rügen und Wollin beschert. Immer mal wieder sollte man einen Abstecher an den Strand machen. In Koserow sind z. B. sog. **Salzhütten** zu sehen, in denen einst die Fischer ihren Fang pökelten. Zwischen Koserow und Zempin ist man an Usedoms Wespentaille: Nur 300 m sind es vom Ostseestrand bis zum Achterwasser auf der Westseite der Insel.
Zinnowitz ist seit 1851 ein Seebadeort und bietet außer ansehnlichen alten Hotelbauten und seinem schönen Strand auch eine moderne Seebrücke. An ihrem Ende wartet eine **Tauchgondel** auf alle, die die Unterwasserwelt der Ostsee kennenlernen möchten.

■ **Tauchgondel Zinnowitz**, Tel. 038377/378 61, www.tauchgondel.de; Juni–Aug. tägl. 10–21, Mai, Sept., Okt. 10–18, Nov.–April Mi–So 11–16 Uhr

Der nördliche Zipfel Usedoms war während der Nazi-Zeit ein streng gehütetes militärisches Sperrgebiet, hier lag die Heeresversuchsanstalt u. a. für die »Wunderwaffe« V2. Noch immer ist das Gebiet um **Peenemünde** mit militärischem Abfall verseucht und soll nur auf den vorgeschriebenen Wegen benutzt werden. Einer der größten Publikumsmagneten der Insel ist das **Historisch-Technische Museum** im ehemaligen Kraftwerk, das sehr detailliert über die Anstalt und ihre militärisch-technische Bedeutung informiert. Nur wenig entfernt begeistert die **Phänomenta** Jung und Alt mit erstaunlichen naturwissenschaftlichen Phänomenen.

■ **Besichtigung** Historisch-Technisches Museum Peenemünde, Im Kraftwerk, Tel. 038371/50 50, www.peenemünde.de, April–Sept. tägl. 10–18, sonst 10–16 Uhr, Nov.–März Mo geschlossen;
Phänomenta, Museumsstr. 12, Tel. 038371/260 66, www.phaenomenta-peenemuende.de, 15. März–31. Okt. tägl. 10–18, sonst an bestimmten Terminen 10–16 Uhr, s. Website
■ **Einkehr** Die Flunder, Hafenpromenade

Man passiert den Hafen von **Karlshagen**, wo Ausflugsschiffe in See stechen, und radelt am Peenestrom entlang, bis man die Brücke von **Wolgast** erreicht. Eine kleine Insel teilt den Peenestrom hier; sie beherbergte einst das Schloss der Pommerschen Herzöge, die aber seit 1625 hier nicht mehr residierten. Im Dreißigjährigen Krieg wurde der Leichnam des Schwedenkönigs Gustav II. Adolf hier aufgebahrt. Die Stadt gehörte danach bis 1815 zu Schweden. Das mittelalterliche Wolgast legt mit der **St. Petrikirche** (Grablege der Pommernherzöge, Totentanz-Gemäldezyklus, weite Aussicht vom Kirchturm, tägl. 10–17 Uhr), dem Alten Rathaus und seinem **Heimatmuseum** »Kaffeemühle« Zeugnis ab von der langen Geschichte dieser Handels- und Werftstadt. Der romantische Maler Philipp Otto Runge wurde hier 1777 geboren; sein Geburtshaus zeigt die damalige Lebenssituation der dreizehnköpfigen Familie. Nach Heringsdorf zurück kommt man bequem mit der Usedomer Bäderbahn, die auch Fahrräder transportiert.

Das Dörfchen Benz liegt im Grünen versteckt am schilfreichen Achterwasser auf der Westseite der Insel Usedom.

■ **Tourist-Information** Rathausplatz 10, Tel. 03836/60 01 18, www.stadt-wolgast.de
■ **Einkehr** Petri's Garten, Lange Straße 1, Tel. 03836/23 77 35, www.hotel-petris-garten.de

Zwischen Stettiner Haff und Achterwasser Die nahe polnische Grenze und der zwanglose Grenzübergang (nur für Radfahrer und Fußgänger) erlaubt entlang der gepflegten Strandpromenade über **Ahlbeck** einen kurzen Abstecher über nach **Swinemünde** mit seiner etwas schlichteren Kurpromenade. Bei der Rückfahrt Richtung Ahlbeck ist der bunte **Polenmarkt** gleich vor der Grenze von Interesse.

Die Erdholländermühle auf einem Hügel im Achterland von Usedom ist ein technisches Denkmal. Wer sich weniger für die ungleichen Flügelpaare der Mühle interessiert, genießt auf jeden Fall den weiten Blick auf das Dorf Benz und das Achterwasser.

Ab Ahlbeck folgt man dem Fernradweg Berlin–Usedom südwärts und passiert hinter Garz den **Flughafen Heringsdorf**. Kleine Dörfer reihen sich am **Stettiner Haff** aneinander, dem großen Gewässer, in das u. a. Oder und Peene münden und das die Inseln Usedom und Wollin von der offenen Ostsee abschließen. Landeinwärts erreicht man das hübsche, aber etwas verschlafene Städtchen **Usedom**, wo ein prächtiges Stadttor aus Backstein an seine frühere Bedeutung erinnert.

Größte Attraktion am Haff ist die Ruine der **Eisenbahn-Hubbrücke** von **Karnin**, gefeiert als technische Meisterleistung bei ihrer Eröffnung 1934, aber zerstört gegen Ende des Zweiten Weltkriegs. Übrig blieb ein weithin sichtbares Stahlskelett. In letzter Zeit werden Stimmen laut, die Brücke und den direkten Bahnanschluss zur Hauptstadt wieder zum Leben zu erwecken.

Unbedingt sollte man dem stillen Renaissance-Wasserschloss **Mellenthin**, heute ein Hotel, einen Besuch abstatten, allein schon wegen des Cafés unter freiem Himmel im Schlosshof.

■ **Einkehr** Schloss Mellenthin, Tel. 038379/287 80, www.wasserschloss-mellenthin.de

Von den sanften Moränenhügeln überschaut man das vogel- und fischreiche **Achterwasser**, das vom Peenestrom tief in die Insel Usedom eingreift. Viele Ufer sind schilfbestanden, auf der Höhe von **Pudagla** gibt es eine Badestelle. Nahebei ist die wiederhergestellte **Windmühle** von **Benz** eine Sehenswürdigkeit. Zwischen Wäldchen und den blauen Flächen des Schmollen- und Gothensees kehrt man nach Heringsdorf zurück.

13 Eutin und die romantische Holsteinische Schweiz

■ **Ausflugsart**
Festspielbesuch, Wanderung, Radtour, Schifffahrt
■ **Ausflugsdauer**
2 Tage
■ **Veranstaltungsort**
Eutin
■ **Ausgangs-/Endpunkt**
Eutin
■ **Bevorzugte Monate**
Juni, Juli, August
■ **Anfahrt**
Bahn: alle 30 bis 60 Min. ab Kiel oder Lübeck; Auto: A 1 Abfahrt Eutin/Holsteinische Schweiz, B 76 ca. 15 km; A 21 Abfahrt Bornhöved, B 430 20 km bis Plön, B 76 15 km
■ **Karten**
Holsteinische Schweiz 1:25 000, amtliche Wander- und Freizeitkarte
■ **Einkehr**
Brauhaus Eutin, Markt 11, Tel. 04521/76 67 77, www.brauhaus-eutin.de; Schlossküche, Schlossplatz 5, Tel. 04521/761 20 45, www.schlosskueche-eutin.de
■ **Hotelvorschläge**
Das kleine Hotel, Albert-Mahlstedt-Str. 6, Eutin, www.daskleinehotel-eutin.de; Seeschloß am Kellersee, Leonhard-Boldt-Str. 19, Eutin-Fissau, Tel. 04521/80 50, www.seeschloss-eutin.de
■ **Information**
Markt 19, 23701 Eutin, Tel. 04521/709 70, www.eutin.de, www.eutin-tourismus.de, www.eutiner-festspiele.de

Das Eutiner Schloss spiegelt die romantische Zeit vom »Weimar des Nordens« wider. Seinen großen Sohn, den Komponisten Carl Maria von Weber, ehrt das hübsche Städtchen inmitten der reizenden Seenlandschaft mit den anspruchsvollen sommerlichen Eutiner Festspielen im herzoglichen Park. Die liebliche Holsteinische Schweiz lernt man auf einer Radtour nach Plön kennen.

Stadterkundung Eutin Vom Bahnhof **Eutin** ist man rasch am **Markt**, ein gemütlicher, kleinstädtischer Platz, auf dem samstags ein Wochenmarkt stattfindet. Nebenan, in der romanisch-gotischen **Stadtkirche St. Marien**, erklingt um die Mittagszeit Orgelspiel, und hinter dem klassizistischen sog. **Witwenpalais** ist auch Swing und Jazz zu hören. Nur wenige Schritte sind es zu den Kunstausstellungen im **Tischbein-Gartenhaus** in der Stolbergstraße 8 (Sa, So 14–18, Mo 19–21, Mi 11–13 Uhr), wo man durch den Garten des romantischen Künstlers zum Jungfernstieg auf der Höhe des **Schlossparks** gelangt.
Bevor man das perfekt restaurierte **Schloss** durch den Torturm an der Westfassade betritt, fällt am Schlossplatz der klassizistische

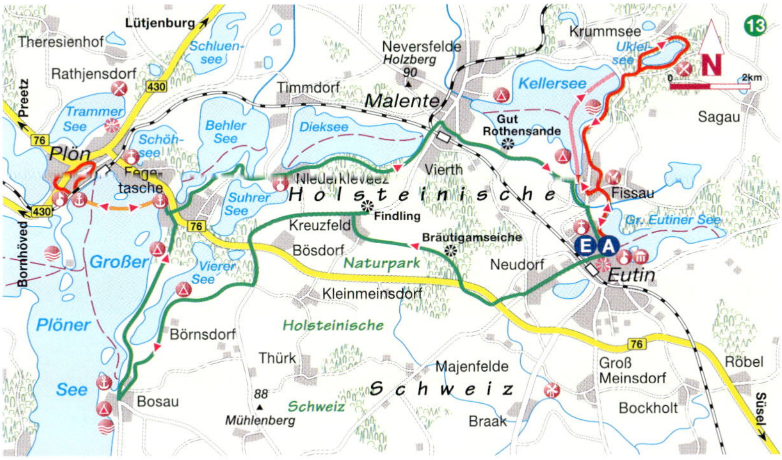

Bau des ehemaligen Marstalls auf, in dem das **Ostholsteinische Museum** untergebracht ist. Seine Spezialität: Eutin zur Goethezeit, der Blütezeit des Städtchens um 1800. Die beste Aussicht über Stadt und Land vermittelt der **Wasserturm** von 1909 nördlich des Zentrums.

Linke Seite:
Musik auf dem Eutiner Marktplatz

■ **Schlossführung** www.schloss-eutin.de, Mitte Juli–Ende Aug. tägl. um 11, 12, 14, 15, 16 Uhr, sonst zwei- bis dreimal tägl.
■ **Ostholsteinisches Museum** Schlossplatz 1, www.oh-museum.de, April–Sept. Di–Fr 10–13 u. 14–17, Sa, So 10–17.30, sonst Mi–Fr 15–17, Sa 13–17, So 11–17 Uhr
■ **Wasserturm** Ecke Bismarckstr./Wilhelmstr., 15. Mai–14. Sept. Di–So 11–16 Uhr

Kellersee und Ukleisee Entlang der **Schwentine**, die den **Eutiner See** im Norden verlässt, wandert man 2 km

Links: Das Europazimmer im Schloss Eutin
Rechts: Im Ostholsteinischen Museum Eutin

Panorama vom Eutiner Wasserturm aus

Ein guter Grund, Eutin im Sommer zu besuchen, sind die **Eutiner Festspiele**. Hier ist die Geburtsstadt des Komponisten Carl Maria von Weber (1786–1826). Sie ehrt ihren großen Sohn mit diesem Festival seit 1951, seinem 125-jährigen Todesjahr. Die meisten Aufführungen finden auf der Freilichtbühne im Schlosspark direkt am Großen Eutiner See statt; Webers Werke und die seiner Zeitgenossen – Opern, Singspiele, Operetten sowie Konzerte – werden in hochkarätiger Besetzung aufgeführt. Die Hamburger Symphoniker sorgen seit Jahrzehnten für qualitätvolle musikalische Ausführung des sommerlichen Spiels in romantischem Ambiente (www.eutiner-festspiele.de, ca. Mitte Juni–Aug.).

Vom Großen Plöner See aus hat man den allerschönsten Blick auf Schloss und Stadt Plön, ...

... aber ein schönes Panorama genießt man auch von der Seenlandschaft nördlich der Stadt.

zum **Kellersee**, in den das Flüsschen mündet (und es fließt noch durch viele weitere See der Holsteinischen Schweiz, bevor es nach ca. 50 km in die Kieler Förde mündet). Von Mai bis September fahren Kellersee-Ausflugsschiffe vom **Fissauer Fährhaus** nach **Sielbeck** (viermal tägl., ab 10.30 Uhr alle 2 Std., Fahrtzeit 20 Min., www.5-seen-fahrt.de). Von dort gelangt man in einer Viertelstunde zum baumumstandenen Ukleisee, der als der romantischste aller hiesigen Seen gilt. Man umrundet ihn in ca. 1 Std. und passiert an seinem Westrand das reizende Jagdschlösschen von 1776 (15.5.–14.9. Di–So 11–16 Uhr). Die schöne Wanderroute zurück nach Eutin führt entlang dem Südostufer des Kellersees auf den Europäischen Fernwanderwegen E 1 und E 6 (Badestelle unterwegs).

■ **Einkehr** Forsthaus am Ukleisee, Zum Uklei 23, Sielbeck, Tel. 04521/97 05, www.forsthaus-am-ukleisee.de

Radeln durch die Holsteinische Schweiz nach Plön Nur 15 km liegen die beiden im 13. Jh. gegründeten Städte Eutin und Plön auseinander; die 40-km-Radtour auf Nebenstrecken, kombiniert mit einer Schifffahrt auf dem Großen Plöner See, erschließt die Landschaft intensiver.

Im Dodauer Forst, 5 km westlich von Eutin, schaut man bei der berühmten **Bräutigamseiche** vorbei, an die seit 1927 alljährlich Hunderte Briefe mit Partnerwünschen geschickt werden (ausgeschildert, ab B 76 Richtung Forsthaus Dodau). In **Kreuzfeld** erinnert ein **Riesenfindling**, den ein interessanter Findlingsgarten umgibt, an die enorme Kraft der Gletscher während der Eiszeit. Man passiert den Heiden- und den Vierersee und gelangt zum Luftkurort

Bosau. Seine spätromanisch-frühgotische **Feldsteinkirche St. Petri** von 1152 ist eine der ältesten des Landes (tägl. 8–18 Uhr, Konzerte: www.sommerkonzerte-bosau.de), und gute Badestellen im **Großen Plöner See** liegen gleich in der Nähe.

■ **Tourist-Info** Bischof-Vicelin-Damm 11, Bosau, Tel. 04527/970 44, www.luftkurort-bosau.de
■ **Einkehr** Gasthaus Zum Frohsinn, Bischof-Vicelin-Damm 16–18, Tel. 04527/269, www.zum-frohsinn.de

Die Feldsteinkirche von Bosau (12. Jh.)

An der schmalen Landbrücke in **Fegetasche** musste, wie der Name nahelegt, einst Zoll gezahlt werden. Heute legen hier Schiffe der **Großen Plöner See-Rundfahrt** ab. Wer mag, lässt sein Fahrrad hier stehen und besucht **Plön** per Schiff.

Die heutige Fußgängerzone **Lange Straße** war schon im Mittelalter Kern der Stadt. Am **Markt** ersetzt die **Nikolaikirche** von 1868 ihre jahrhundertealte Vorgängerin, die ein Blitz zerstörte. Das **Plöner Schloss** auf dem Schlossberg, ein imposanter Renaissancebau von 1636 für den Herzog von Schleswig-Holstein-Sonderburg-Plön, beherbergt heute die Akademie des Brillenimperiums Fielmann. Einzigartig ist der **Blick vom Schlosshof auf den Großen Plöner See**. Naturinteressierte zieht es auf dem Schlossterrain ins ehemalige **Uhrenhaus**, heute das **Naturparkhaus**, in dem die Schätze der hiesigen Flora und Fauna erklärt werden.

Bald nachdem 1885 ein Gastwirt in Malente sein Hotel »**Holsteinische Schweiz**« genannt hatte, nahm die Region um die schönen Seen Ostholsteins diesen vielversprechenden Namen an. Die Landschaft, geprägt durch die letzte Eiszeit, ist wunderbar abwechslungsreich mit Wäldern, Seen, Feldern und sanften Hügeln, von denen der höchste, der Bungsberg, allerdings nur 168 m misst.

■ **Verkehr** Plöner Motorschifffahrt, Fegetasche-Strandweg, 24306 Plön, Tel. 04522/67 66, www.grosseploenersee-rundfahrt.de, 1. Mai–15. Sept. 10, 12, 14, 16 Uhr, 16. Sept.–3. Okt. 11, 13, 15 Uhr, eine Unterbrechung im Fahrpreis enthalten
■ **Tourist-Info** Bahnhofstr. 5, 24306 Plön, Tel. 04522/509 50, www.touristinfo-ploen.de
■ **Einkehr** Alte Schwimmhalle, Schlossgebiet 1a, Tel. 04522/59 36 30, www.restaurantalteschwimmhalle.de, Di Ruhetag
■ **Natur-Info** Naturpark Holsteinische Schweiz, Schlossgebiet 9, 24306 Plön, Tel. 04522/74 93 80, www.naturpark-holsteinische-schweiz.de, Di–So 10–17 Uhr
■ **Schlossführung** Nur nach Voranmeldung, Tel. 04522/80 10, www.fielmann-akademie.com, Mi, Do, Sa, So 16.30–18.30 Uhr

Dunkersche Kate in Bosau: Ausstellungszentrum mit Bauerngarten

Von Plön-Fegetasche aus radelt man entlang der Seenkette (»Fünf Seen«) auf dem Fernwanderweg E 1/E 6 nach **Bad Malente**, dann südlich des Kellersees nach Eutin zurück. Wer sich den Drehort der »Mädels vom Immenhof«, das **Gut Rothensande**, anschauen will, macht einen kurzen Abstecher zum Kellersee.

14 Güstrow und Umgebung – Slawen, Herzöge, Künstler

■ **Ausflugsart**
Stadtrundgang, Radtour
■ **Ausflugsdauer**
2 Tage
■ **Ausgangs-/Endpunkt**
Güstrow
■ **Bevorzugte Monate**
Juni–September
■ **Anfahrt**
Bahn: ca. stündl. aus Richtung Hamburg, umsteigen in Bützow; Direktverbindung ab Berlin mit Interconnex, www.interconnex.info; Auto: A 19, ab Abfahrt Güstrow 11 km; Flug: Regionalflughafen Rostock-Laage 16 km
■ **Karten**
Kompass Wander- und Bikekarte 1:50 000, Güstrow, Krakower Seengebiet
■ **Einkehr**
Wallensteins Hofgericht, Schlossberg 1, Tel. 03843/76 70; Café Küpper, Domstr. 15, Tel. 03843/68 24 85
■ **Hotelvorschläge**
Gästehaus am Schlosspark, Neuwieder Weg, Tel. 03843/24 59 90, www.gaestehaus-guestrow.de; Kurhaus am Inselsee, Heidberg 1, Tel. 03843/85 00, www.kurhaus-guestrow.de
■ **Information**
Franz-Parr-Platz 10, Tel. 03843/68 10 23, www.guestrow-tourismus.de

Das anheimelnde Städtchen Güstrow hat nicht nur einen gotischen Dom und ein imposantes Renaissanceschloss, sondern lädt zu mehreren sehr gelungenen Ausstellungsstätten für das Werk des vielseitigen Künstlers und Literaten der Moderne Ernst Barlach ein, der hier viele Schaffensjahre verbrachte. Sein Atelier liegt an einem der vielen mecklenburgischen Seen. Durch die Landschaft aus Wasser und Wald radelt man zur rekonstruierten Slawenburg von Groß Raden. Und wie ein mittelalterliches Kloster über die Jahrhunderte bis heute genutzt wird, zeigt Kloster Dobbertin.

Rundgang zu Güstrows Perlen Güstrow war vor der Christianisierung Platz einer slawischen Burg. Stadtrechte erhielt es 1228, seine Glanzzeit aber war die Epoche als Residenz der Mecklenburgischen Herzöge 1559–1695 (der Mecklenburg-Güstrower Linie). Das bedeutende **Renaissance-Schloss** stammt aus dieser Zeit. Während des Dreißigjährigen Krieges residierte Wallenstein hier eine Zeit lang. Eine Schlossführung (Sa, So 14 Uhr) ist sehr zu empfehlen, der bunte Renaissance-Garten lädt zum Spaziergang ein. Das **Stadtmuseum** in einem Nebengebäude des Schlosses am Franz-Parr-Platz – benannt nach dem Schlossarchitekten – beleuchtet vor allem die Stadtgeschichte der Neuzeit, in der Güstrow mit höfischem Leben ein kultureller Mittelpunkt war.

Stimmungsvoll spiegelt sich das Schloss Güstrow im Wassergraben.

Güstrows Schloss überragt das Stadtmuseum: Hier erfährt man Details aus dem Leben der Schlossbewohner – auch Feldherr Wallenstein zählte zu ihnen.

■ **Schlossmuseum Güstrow** 15.4.–14.10. tägl. 10–18, sonst Di–So 10–17 Uhr, öffentl. Führung Sa, So 14 Uhr, www.schloss-guestrow.de
■ **Stadtmuseum** Franz-Parr-Platz 10, Mo–Fr 9–18/19, Sa, So 10/11–16/17 Uhr

Die gemütliche Kleinstadt Güstrow (31 000 Einwohner) durchwandert man gern: historische Häuser entlang kopfsteingepflasterter Gassen und einladender Plätze mit Cafés im Freien – ein friedliches Bild. Seit 1910 lebte hier der vielseitige Künstler **Ernst Barlach** (1870–1938), berühmt vor allem wegen seiner schlichten, aussagekräftigen Skulpturen. Seine Werke waren in der Nazizeit verpönt. Das sehr sehenswerte **Atelier** mit Museum liegt im Grünen am **Inselsee**. In der Stadt sind in drei mittelalterlichen Kirchen weitere Barlach-Werke ausgestellt: Im gotischen **Dom**, der Grablege einiger mecklenburgischer Herzöge war, hängt »Der Schwebende« über dem Taufgitter, in der **Pfarrkirche St. Marien** sieht man das kleine Terrakottarelief »Engel der Hoffnung« (sie ist außerdem sehenswert wegen zahlreicher älterer Kirchenkunstwerke), und auf dem bezaubernden alten Friedhof St. Gertrud stehen einige Bildwerke im Freien, die meisten aber in der winzigen gotischen **Gertrudenkapelle**, einem besonders gelungenen Ausstellungsort.

■ **Ernst-Barlach-Stiftung** Atelierhaus mit Museum, Heidberg 15, und Gertrudenkapelle, Gertrudenplatz 1, Tel. 03843/84 40 00, Juli–Aug. tägl. 10–17 Uhr, sonst Di–So, www.barlach-stiftung.de
■ **Dom** Mitte Mai–Mitte Okt. Mo–Sa 10–17, So 14–16, sonst Di–Sa 10/11–12 u. 14–16, So 14–16 Uhr, www.dom-guestrow.de
■ **Pfarrkirche St. Marien** Juni–Sept. Mo–Sa 10–17, So 14–17, bis Mitte Okt. tägl. 14–16, Mitte Okt.–Mitte April Mo–Sa 11–12 u. 14–15, So 14–15, sonst Mo–Sa 10–12 Uhr, www.pfarrgemeinde-guestrow.de

Mecklenburg-Vorpommern

Seit dem 6./7. Jh. war das Gebiet Mecklenburg-Vorpommerns von Osten her von verschiedenen Slawenstämmen besiedelt worden. Seit dem 10. Jh. drangen von Süden und Westen her deutsche Invasoren ein, die das Christentum verbreiteten. Die Dynastie des Mecklenburger Grafengeschlechts (Herzöge seit 1348) beginnt mit dem Slawenfürsten Niklot (reg. 1131–1160), der einen seiner Söhne mit einer Tochter Heinrichs des Löwen vermählte. Heinrich Borwin I., Enkel Heinrichs des Löwen, stiftete 1226 den Dom von Güstrow als Kollegiatskirche.

Die Gertrudenkapelle ist eine der eindrucksvollsten Güstrower Ausstellungsstätten der Werke Ernst Barlachs.

Güstrow ist ein kulturbeflissenes Städtchen mit seinem **Theater** und mehreren **Galerien**, aber auch bekannt für den **Natur- und Umweltpark** (NUP) am Flüsschen Nebel: ein außerordentlich vielseitiges und weiträumiges Naturzentrum, u.a. mit Bären, Wölfen und einem Streichelzoo. Bemerkenswert ist der 12 m lange Glastunnel, wo man die hiesige Flusswelt direkt vor Augen hat.

■ **Galerie Wollhalle** Franz-Parr-Platz 9, Wechselausstellungen, tägl. 11–17 Uhr
■ **Natur- und Umweltpark Güstrow (NUP)** Verbindungschaussee, Tel. 03843/246 80, www.nup-guestrow.de, Ende März–Okt. tägl. 9–19, sonst 9–16 Uhr

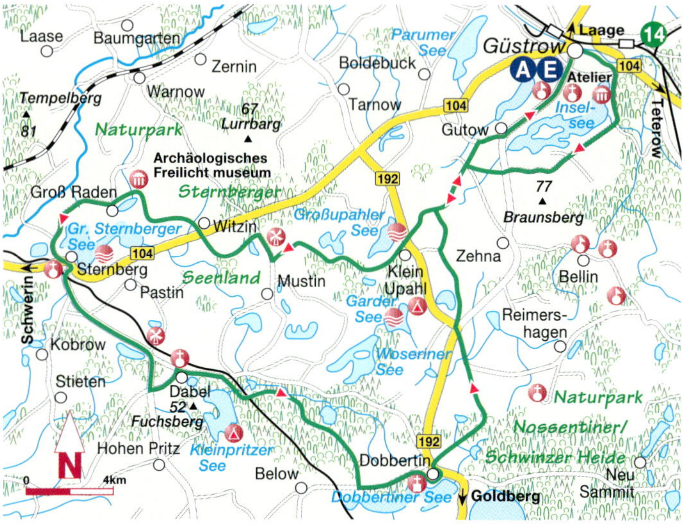

Radtour von der Slawenburg zum Damenstift

Im heutigen nordostdeutschen Raum siedelten seit dem 6. Jh. zahlreiche Slawenstämme, die nicht immer friedlich miteinander umgingen. Viele Ansiedlungen lagen versteckt und geschützt in Sumpf- oder Seengebieten, fanden Archäologen heraus. Das wasserreiche Gebiet Mecklenburg-Vorpommerns eignete sich bestens für solche Schutzanlagen. Eine sehr gute Vorstellung bekommt man davon im **Archäologischen Freilichtmuseum Groß-Raden**, 30 gemütliche Radelkilometer durch Feld und Wald von Güstrow. Der fast kreisrunde Burgwall von 50 m Durchmesser lag im 9./10. Jh. auf einer Insel als Wasserburg im Groß-Radener See, eine Brücke verband sie mit der Siedlung auf der nahen Landzunge. Nach den Ausgrabungen 1973–1980 rekonstruierte man die gesamte Anlage. Befestigungen, Heiligtum, Häuser und Gärten sowie viele praktische Demonstrationen vermitteln eine lebendige Vorstellung von den frühen Bewohnern des Landes.

■ April–Okt. tägl. 10–17.30, sonst Di, So 10–16.30 Uhr, www.gross-raden.de

Das Archäologische Freilichtmuseum Groß-Raden zeigt lebensecht die Welt der Slawen, die seit dem 6. Jh. das Land südlich der Ostsee besiedelten.

Das 5 km entfernte **Sternberg**, Stadt seit Mitte des 13. Jh., hatte von 1572 bis 1918 Bedeutung als Sitz des Landtags im Wechsel mit Malchin. Vor allem der Adel war darin vertreten, sichtbar im ganzen Land Mecklenburg-Vorpommern an seinen heute noch über 2000 Schlössern und Herrenhäusern. Die Macht von Kirchen und Klöstern wurde mit der Reformation stark eingeschränkt. Viele Klöster blieben dennoch als Damenstifte, meist für begüterte Adlige, erhalten. Dies geschah auch mit dem **Kloster Dobbertin**, das 1220 in schöner Lage auf einer Halbinsel am Dobbertiner See von Benediktinern gegründet worden war und 1572 in ein Stift »zur christlichen Auferziehung inländischer Jungfrauen« umgewandelt wurde. Die Damen konnten hier ein ausgesprochen angenehmes Leben führen. Mit den Umwälzungen im 20. Jh. durchlief das Kloster verschiedene Nutzungen; das Diakonische Werk betreut hier heute Menschen mit Behinderungen. Die historischen Bauwerke, vor allem **Kirche** und **Kreuzgang**, wurden restauriert und können im Rahmen einer Führung besichtigt werden. Der malerische **Kloster-Innenhof** ist hervorragende Kulisse für Konzerte während der Festspiele Mecklenburg-Vorpommern.

Einkehr Klostercafé, Mai–Okt. Di–Fr 11–17.30, Sa, So 11–18 Uhr, sonst nur bis 16.30/17 Uhr

Besichtigung Teile des Klostergeländes sind öffentlich, auch Café und Klosterläden; Kirche, Kreuzgang, Refektorium etc. können bei einer Führung besichtigt werden: Mai–Okt. Mi, Sa 15 Uhr und n. V., Tel. 038736/861 00, www.kloster-dobbertin.de

Einmalig schön liegt das mittelalterliche Kloster Dobbertin am gleichnamigen See; nach der Reformation diente es als Damenstift, heute ist es eine Institution für Menschen mit Behinderungen. Gäste sind in Café und Klosterladen sowie bei Führungen willkommen.

Theodor Fontane

(1819–1898) gibt interessante Einblicke in das angenehme Stiftsdamenleben, das er in einem Aufsatz über Mathilde von Rohr beschreibt. Sie war 20 Jahre Stiftsdame; er kannte sie aus seinen Berliner Kreisen. Im Kloster gibt es eine Ausstellung zu dem Schriftsteller.

15 Von Anklam am Amazonas des Nordens zum Wildtierland

Ausflugsart
Radeln, Theateraufführung, Kanu fahren
Ausflugsdauer
2 Tage
Veranstaltungsort
Anklam
Ausgangs-/Endpunkt
Anklam
Bevorzugte Monate
August, September
Anfahrt
A 20 Ausfahrt Jarmen oder Anklam, jeweils 24 km
Karten
ADFC Regionalkarte Usedom, Stettiner Haff 1:100 000, Bielefelder Verlag
Einkehr
Stolper Fährkrug, Dorfstraße 25, an der Fähre, Tel. 039721/522 25, Mai–Sept. tägl. ab 11, sonst Fr–Mo 11.30–14 und 18–21.30 Uhr
Hotelvorschläge
Hotel am Stadtwall, Demminer Str. 5, Tel. 03971/833136, www.hotel-am-stadtwall.de; Gutshaus Stolpe, Dorfstraße 37, 17391 Stolpe (8 km westl. von Anklam), Tel. 039721/55 00, www.gutshaus-stolpe.de
Information
Markt 3, Anklam, Tel. 03971/83 51 54, www.anklam.de

Die Delta-Landschaft der Peene mit ihren feuchten Auen (»Amazonas des Nordens«), wo Biber und Rohrdommel heimisch sind, wurde 2010 preisgekrönt als vorbildliches Gebiet für den Wassertourismus. Anklam ist der ideale Ausgangsort zur Erkundung der üppigen Natur, aber ebenso ein Ort forsch-fröhlicher Theaterkultur durch das Spektakel »Die Peene brennt«. Hier stand die Wiege des Flugpioniers Otto Lilienthal; ein modernes Museum ist ihm gewidmet, und das »Aeronauticon« am Flughafen begeistert Kinder und Erwachsene. Auf einer Radtour geht es zu einer »wiederbelebten« Schmalspurbahn und dem großartigen Wildtierland von Gut Klepelshagen.

Anklam und Umgebung Das Flüsschen, an dessen Südufer **Anklam** liegt, ist die Schicksalsader der Stadt: Die **Peene** ermöglichte seit alters den Übergang des wichtigen Nord-Süd-Handelswegs – Anklams Glück. Über die Straße zogen aber auch über die Jahrhunderte immer wieder Kriegstruppen und hinterließen viel Leid, und am Ende des Nordischen Kriegs 1721 gar wurde die Peene zum Grenzfluss zwischen Schweden im Norden und Preußen im

Entlang der Peene darf viel Land, das früher intensiv genutzt wurde, wieder in seinen natürlichen Zustand zurückkehren.

Süden – Anklams Unglück. Das historische Hin und Her ist gefundenes Fressen für die Vorpommersche Landesbühne: Alljährlich im Spätsommer wird hier Anklams Geschichte mit viel Augenzwinkern neu erfunden und knapp zwei Wochen lang direkt an der Peene auf der Freilichtbühne zu frischem Leben erweckt. **»Die Peene brennt«** heißt das Spektakel neben der dekorativen Peene-Tor-Brücke – und natürlich überleben immer die tapferen Anklamer und Anklamerinnen ...

»Die Peene brennt«: grandioses Freilicht-Theater in Anklam mit witzigen Bezügen zu Geschichte und Gegenwart.

Auch der pfiffige und mutige Ingenieur Otto Lilienthal (1848–1896) wurde in Anklam geboren und hing hier schon in seiner Jugend seinem Traum vom Fliegen nach. Dem Flugpionier und den vielen interessanten Aspekten des Fliegens ist das hervorragende moderne **Otto-Lilienthal-Museum** gewidmet. Auf dem Verkehrsflugplatz Anklam begeistert Kinder und Erwachsene der künstlerisch gestaltete wissenschaftliche Spielplatz **Aeronauticon**. Auf dem Segelflugplatz lässt sich ein **Rundflug** arrangieren, bei dem man z. B. die grüne Peenelandschaft, das angrenzende Oderhaff und die Insel Usedom im Blick hat.

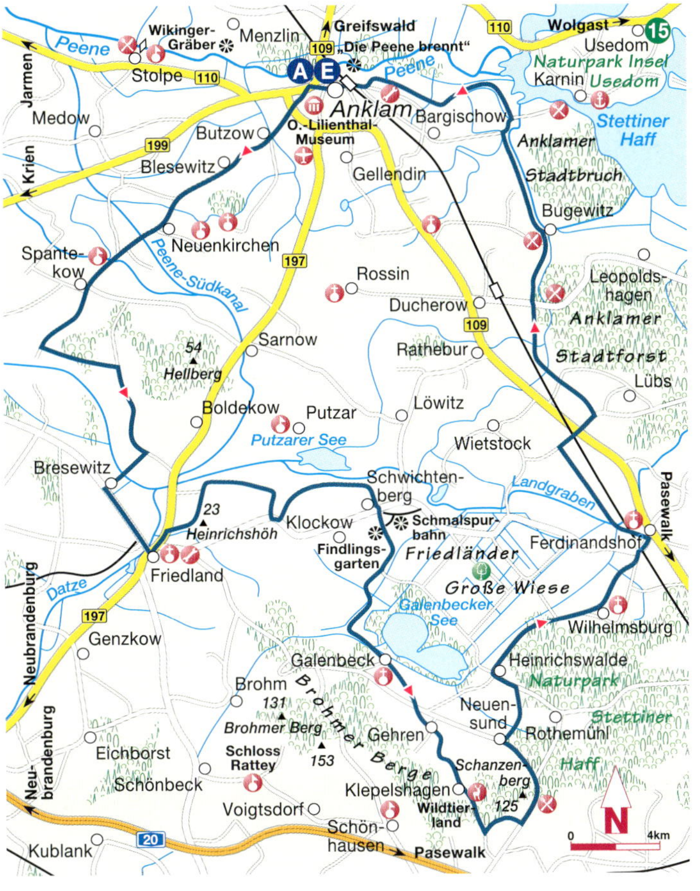

Bevor es abends ins Theater geht, kann man auf der naturbelassenen Peene und in ihrem renaturierten Uferbereich (z. B. bei Führungen durch den Kanu- und Floßverleih Menzlin, mit Besichtigung des Wikinger-Handelsplatzes **Altes Lager**) oder in ihrer

Links: Flugpionier Otto Lilienthal und seine Flugapparate im Museum

Rechts: Allmählich wird die Peene zum »Amazonas des Nordens«.

weiten Mündungsniederung auf den Spuren der Natur wandeln. Eine reiche Vogelwelt und zahlreiche Biber haben ihre Heimat am »Amazonas des Nordens« gefunden. Für Paddeltouren gibt es Kanus zum Ausleihen. Vogelfreunde radeln auch gern ins Naturschutzgebiet **Anklamer Stadtbruch**, wo an die 100 verschiedene Vogelarten brüten. Zwei Beobachtungstürme bieten guten Überblick.

Das freut alle Naturliebhaber: Im Wildtierland Klepelshagen brüten seit einigen Jahren die seltenen Trauerseeschwalben.

■ **Besichtigung** Otto-Lilienthal-Museum, Ellbogenstr. 1, www.lilienthal-museum.de, Juni–Sept. tägl. 10–17, Nov.–April Mi–Fr 11–15.30, Sa, So 13–15.30, sonst und in den Schulferien Di–Fr 10–17, Sa, So 13–17 Uhr; Aeronauticon, tägl. freier Zugang bei Tage

■ **Verleih** Kanustation Anklam, Werftstr. 6, Tel. 03971/24 28 39, www.kanustation-anklam.de; Kanu- und Floßverleih Menzlin, Menzlin »Altes Lager«, Tel. 03971/21 32 73, www.kanuverleih-menzlin.de; Fahrradverleih im Hotel am Stadtwall und im Gutshaus Stolpe

Radeln zur Schmalspurbahn und ins Wildtierland In Anklams südlichem Hinterland durchradelt man Wald, Feld und Wiese in schönem Wechsel. Nach ca. 25 km quert man den unscheinbaren Landgraben, die schwedische Südgrenze 1648–1721.
Einen Abstecher wert ist **Friedland**. Auch dies Städtchen gehört zu den Städtegründungen des 12./13. Jh. in diesem Landstrich. Zwei mächtige Backstein-Stadttore und Kirchen erinnern an das ferne Mittelalter und an die alten Handelswege, die sich im Grenzland von Brandenburg, Mecklenburg und Pommern kreuzten. 1892, unter preußischer Zeit, wurde die Mecklenburg-Pommersche Schmalspurbahn (Ferdinandshof–Friedland) eröffnet. Ihre Gleise wurden nach 1945 entfernt. Aber im kleinen Dorf **Schwichtenberg** taten sich Eisenbahnfans zusammen und stellten 2600 m Schienenstrecke wieder her, und darauf kann man in der

Sommersaison an Wochenenden nostalgisch Zug fahren. Etwa in der Mitte der 15-minütigen Tour gibt es einen Halt am **Findlingsgarten Schwichtenberg**. »Steinreich« waren die Schwichtenberger Bauern, aber darüber nicht glücklich: Mühevoll sammelten sie in Jahrhunderten die dicksten Steine von ihren Grundmoränen-Äckern. Das war die Grundlage für diese interessante Gesteinssammlung. Geologen bestimmten die Funde und klärten ihre Herkunft aus den verschiedenen Teilen Skandinaviens. Ein Stein-Labyrinth und viele weitere Spielereien mit den runden Felsen machen den Besuchern die Steine richtig sympathisch.

■ **Schmalspurbahn des Museumsvereins Schwichtenberg-Uhlenhorst** www.mpsb.de, April–Okt. Sa, So 14–17 Uhr, alle 30 Min., hält am Findlingsgarten Schwichtenberg
■ **Einkehr** Café am Halt Uhlenhorst

Südlich des Dorfs ist der Galenbecker See der tiefste Teil der Niederung **Friedländer Große Wiese**; eine riesige, breite Gletscherzunge schürfte sie während der letzten Eiszeit aus und schob beim Vorrücken den heute bewaldeten Höhenzug der über 150 m hohen **Brohmer Berge** zusammen. Mitten in der Hügellandschaft liegt das **Gut Klepelshagen**. Seit 1995 konnte hier dank der Initiative der Familie Rethwisch das **Wildtierland** entstehen: Eine riesige Freifläche aus Wald, Feldern und Wiese erlaubt zahlreichen Wildtieren ein fast ungestörtes Leben. Rasch haben u. a. Hirsche und Rehe herausgefunden, dass sie hier kein Jäger bedroht. Mehrere Unterstände und Sichtblenden ermöglichen den Besuchern, die großen Herden auf freier Wildbahn zu beobachten. Ausgezeichnete Guides und die Ausstellung **»Botschaft der Wildtiere«** geben unvergessliche Einblicke in die hiesige Natur. Durch das einstige Moor der Großen Wiese, den Anklamer Stadtforst und am Rand des Stadtbruchs radelt man nach Anklam zurück.

■ **Einkehr** Schloss Rattey, Rattey 21, Tel. 03968/25 50 10, www.schlossrattey.de, Di–Fr ab 17, Sa, So ab 12 Uhr (reservieren!); Gourmet-Manufaktur im Wildtierland (n. V.), Klepelshagen, Tel. 039753/29 70
■ **Wildtierland** Deutsche Wildtier Stiftung, Klepelshagen 2, Tel. 039753/29 70, www.deutschewildtierstiftung.de, März–Okt. tägl. 10–17, sonst 10–16 Uhr

Geologen-Fachchinesisch

Moräne – der nach dem Schmelzen des Gletschers hinterlassene Gesteinsschutt

Endmoräne – der vor dem Gletscherrand aufgetürmte Schutt; er ist besonders hoch, wenn das Eis zeitweilig wieder vorrückte

Grundmoräne – der beim Rückschmelzen des Eises liegen gebliebene und nicht weiter bewegte Schutt

Sander – meist fächerartige Sandflächen, die Schmelzwässer vor dem Eisrand absetzten

Toteisloch – eine Delle in der Landschaft, verursacht von einem vom Gletscher abgespaltenen riesigen Eisbrocken, der Jahrhunderte zum Abschmelzen brauchte

Rinnensee – lang gestrecktes, schmales Gewässer, das an der Stelle einer einstigen Gletscherzunge liegt

Hirsche auf freier Wildbahn im Wildtierland Klepelshagen

16 Feldberger Seenlandschaft – und Eiszeitseen bis nach Neubrandenburg

Ausflugsart
Wanderung, Autotour

Ausflugsdauer
2 Tage

Ausgangs-/Endpunkt
Feldberg

Bevorzugte Monate
Mai/Juni

Anfahrt
Von Norden A 20 über Woldegk, B 198 über Möllenbek, von Süden B 96, ab Fürstenberg St über Lychen; von Westen A 18, Abfahrt Röbel, B 198 über Neustrelitz und Möllenberg; von Osten A 20 über Prenzlau-Süd, auf kleinen Landstraßen westwärts nach Feldberg

Karten
Feldberger Seenlandschaft 1:30 000, Nordland-Verlag; ADFC Radtourenkarte 1:150 000 Rügen/Usedom, Vorpommern, Bielefelder Verlag

Einkehr
Bistro am See, Amtsplatz 50,Tel. 039831/229 09

Hotelvorschläge
Hotel Deutsches Haus, Strelitzer Str. 18, Tel. 039831/20340, www.deutscheshaus-feldberg.de; Altes Zollhaus, Erddamm 31, Tel. 039831/500, www.romantik-am-see.de, April–Nov.

Information
Haus des Gastes Feldberg, Strelitzer Str. 42, 17258 Feldberger Seenlandschaft, Tel. 039831/27 00, www.feldberg.de

Das Blau unzähliger Seen leuchtet aus dem dunklen Waldgrün der Feldberger Seenlandschaft; man wandert an Seen mit geheimnisvolle Namen wie »Schmaler Luzin« oder »Zansen« entlang. Eiszeitliche Gletscher waren die Wegbereiter dieses märchenhaften Landes. Burgenbauer und Städtegründer ließen sich schon vor Jahrhunderten in der schönen Umgebung nieder, so erfährt man auf einer Autotour zu drei ganz verschiedenen Städten: Erst im 18. Jh. schuf das Herzoghaus Mecklenburg-Strelitz seine neue Hauptstadt Neustrelitz, während die Bürger von Neubrandenburg im Mittelalter eine solide Stadtmauer besaßen und sich äußerst schmuckvolle Stadttore leisteten; Burg Stargard kann man sich heute noch als brandenburgische Grenzfeste vorstellen.

Die Feldberger Seenlandschaft Versteckt zwischen bewaldeten Hügeln liegt die **Gemeinde Feldberger Seenlandschaft**. Auf dem mit 200 km² enorm großen Gemeindegebiet leben nicht einmal 4800 Einwohner. Angesichts so viel Natur ringsum hat sich der

Ortsteil **Feldberg** 1999 von seinem früheren Titel »Stadt« verabschiedet. Schön überschaubar liegt der gepflegte kleine Ort mit zwei Kurkliniken am Ufer des **Haussees**, ebenso am **Schmalen** und **Breiten Luzin**. Um 60 m überragt der Reiherberg den Ort im Norden: ein schöner Aussichtspunkt auf die Seenlandschaft.

Wasser und Wald verliert man hier nie aus den Augen. Da möchte man rasch lospaddeln oder spazieren gehen! Der Fährmann der **Luzinfähre** kommt da gerade recht. Er verleiht nicht nur Boote, sondern bringt Wanderer auf seiner selbst konstruierten Seilfähre über den mehrere Kilometer langen und stellenweise kaum 100 m breiten Schmalen Luzin, den nur eine einzige Brücke quert. Und er kann tolle Geschichten erzählen …

■ **Luzinfähre** Feldberg, An der Fähre 1, Tel. 0170/307 01 28, www.luzinfaehre.de, Mai–Okt. Mo–Fr 10–17, Sa, So 9–18 Uhr, Juli, Aug. länger; alle 30 Min.; auch Boots- und Fahrradverleih und Café

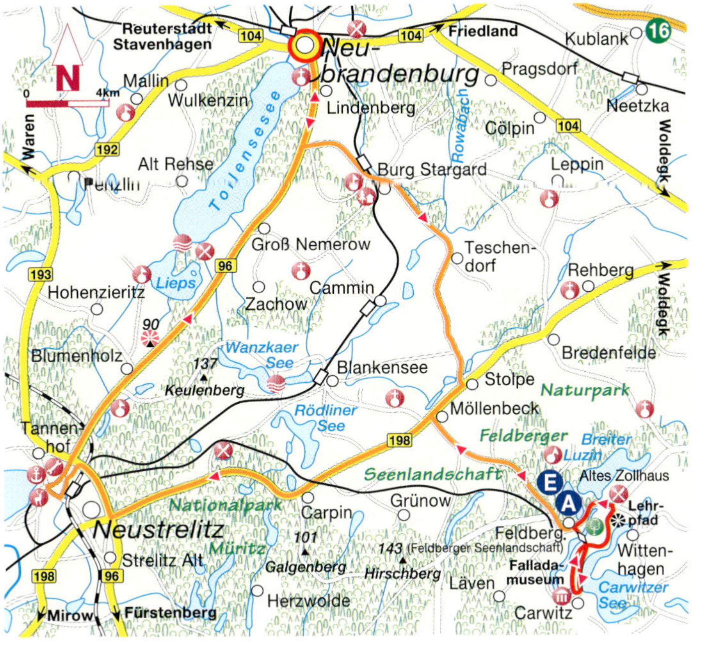

Am Ostufer des Schmalen Luzins wandert man durch den vielseitigen Wald **Hullerbusch** unter hohen Buchen steil bergauf und bergab. Ein Naturlehrpfad erzählt die lange Geschichte der Landschaft, des angrenzenden Mischwalds und der Viehweiden, und wenn man auf dem erhöhten Ausguck »Zansenblick« steht, fühlt man sich ins Mittelgebirge versetzt. Steil fällt das Ufer zum See **Zansen** ab, und noch einmal geht es steil hinab bis zum 40 m tiefen Seegrund.

Die Luzinfähre transportiert Passagiere und Fahrräder.

Linke Seite: Winterlandschaft am Schmalen Luzin

Nur einen Kilometer weiter geht der Zansen nahtlos in den von bewaldeten Inseln durchsetzten **Carwitzer See** über. Im bildschönen Dorf **Carwitz** hatte sich der Schriftsteller Hans Fallada (»Kleiner Mann – was nun?«) sein Haus am See eingerichtet (1933–1944) und war um 1945 sogar kurze Zeit Bürgermeister von Feldberg.

■ **Besichtigung** Hans-Fallada-Haus, Zum Bohnenwerder 2, Carwitz, Tel. 03981/20359, www.fallada.de, April–Okt. Di–So 10–17, Nov.–März 14–16 Uhr, Lesungen Mitte Mai–Mitte Sept. Fr 20 Uhr

Der Wechsel von tiefen Seen und bewaldeten Hügeln ist charakteristisch für die Feldberger Seenlandschaft, hier in Carwitz am Schmalen Luzin. Den Schriftsteller Hans Fallada zog es 1933-1944 hierher. Er erwarb ein Bauernhaus an einem der Seeufer und war sogar kurze Zeit Bürgermeister von Feldberg.

Wer weiter nordwärts durch den Buchenwald des Hullerbusch zur kleinen Siedlung **Wittenhagen** läuft, bekommt auf dem **Eiszeit-Lehrpfad** diese großartige Landschaft erklärt. Endlich weiß man, wo man ist: im Bereich der Pommerschen Hauptendmoräne. Man erfährt von Toteislöchern, Blockpackungen und Kesselmooren und vielen weiteren typisch eiszeitlichen Landformen. Danach hat man sich am Erddamm, der einzigen Luzinquerung, im **Alten Zollhaus** am Ufer des **Breiten Luzin** eine ausgiebige Pause verdient. Feldbergs Ortskern ist nur noch 1 km entfernt.

■ **Einkehr** Altes Zollhaus, Am Erddamm 31, Tel. 039831/500, www.romantik-am-see.de

Drei Städte in der Eiszeit-Landschaft Am folgenden Tag geht es auf einer gut 100 km langen Autorundtour durch den südöstlichen Teil vom **Geopark Mecklenburgische Eiszeitlandschaft**. Wer am Vortag auf den »Eiszeit-Geschmack« gekommen ist, wird die abwechslungsreiche Gegend mit wachem Verständnis verfolgen, aber keine Sorge: Außer Geologie hält das Land noch viele weitere Überraschungen bereit.

Nicht nur die Landschaft ist hier ein buntes Gemisch von Seen, Waldhügeln und Wiesen, auch die politische Karte des heutigen Bundeslandes Mecklenburg-Vorpommern war über Jahrhunderte ein bunter, sich wandelnder Flickenteppich. Über fünf Jahre kriselte es Ende des 17. Jh. im Hause Mecklenburg, wer Erbe des Herzogtums werden sollte. Die Lösung 1701 war einschneidend: Mecklen-

burg wurde geteilt in Mecklenburg-Schwerin und Mecklenburg-Strelitz. In den 1730er-Jahren entstand nahe dem alten Ort Strelitz die geplante Residenzstadt **Neustrelitz**. Heute noch sichtbar ist das radiale Straßennetz um den quadratischen Markt, an dem das klassizistische **Rathaus** und die **Stadtkirche** besonders auffallen. Einen Spaziergang sollte man durch den teils symmetrisch angelegten, teils englischen **Schlosspark** machen. Das herzogliche Schloss fiel dem Zweiten Weltkrieg zum Opfer, aber die neugotische **Schlosskirche**, der Marstall, der Gedächtnistempel für Königin Luise von Preußen (aus dem Hause Mecklenburg-Strelitz), ganz besonders aber die prächtigen, detailgetreu wiederhergestellten klassizistischen Räume der **Orangerie** sollte man besuchen: Hier lädt ein stilvolles Restaurant ein. Ganz nahe ist der Zierker See mit seinem Hafen (u. a. mit Bootsverleih) und dem urigen **Slawendorf**, in dem man auf zwanglose Weise viel über die seit dem 6./7. Jh. eingewanderte Bevölkerung und ihre Alltagstätigkeiten erfährt; mit dem nachgebauten Slawenboot »Nakon« kann man sogar in See stechen.

Neustrelitz ist ein prächtiges Beispiel für eine zur Barockzeit planmäßig angelegte Stadt. Das Schloss des Herzoghauses Mecklenburg-Strelitz wurde zerstört, aber der Schlosspark mit Nebengebäuden blieb bestehen (links unten im Bild).

■ **Einkehr** Orangerie, An der Promenade 22, Tel. 03981/23 74 87, tägl. ab 11 Uhr, Okt.–April Mo, Di geschlossen
■ **Slawendorf** Useriner Str. 4, Tel. 03981/23 75 45, Mai–Sept. tägl., April–Okt. Mo–Fr 10–17 Uhr
■ **Tourist-Information** Strelitzer Str. 1, Tel. 03981/25 31 19, www.neustrelitz.de

Wasserfontänen bieten einen erfrischenden Anblick auf Neustrelitz' markantem Zentralplatz.

Strelitzie

Sophie Charlotte von Mecklenburg-Strelitz (1744–1818) heiratete 1761 den britischen Thronfolger und wurde Queen Charlotte an der Seite Georgs III. Der britische Naturforscher Joseph Banks, der James Cook auf seiner ersten Expedition begleitet hatte, gab 1773 der südafrikanischen Paradiesvogelblume den wissenschaftlichen Namen *Strelitzia regina* zu Ehren der beliebten Königin.

Während man die 30 km nach **Neubrandenburg** durch Wald- und Feldlandschaft zurücklegt, hat man an einigen Stellen kurze Ausblicke auf den westlich der Bundesstraße 96 verlaufenden, rund 10 km langen und schmalen **Tollensesee**. Wer nun schon mit den Landformen der Eiszeit vertraut ist, hat ihn längst als Zungenbecken identifiziert, also einer Senke, in der es sich zur Eiszeit eine Gletscherzunge bequem gemacht hatte. Sie entließ ihr überschüssiges Wasser gen Süden, denn im Norden lag damals ja bis fast zum Norden Skandinaviens nichts als Inlandeis. Heute fließt das Wasser in die entgegengesetzte Richtung: Der Fluss Tollense verlässt den See an dessen Nordufer und mündet später in die Peene.

Neubrandenburg nennt sich »Stadt der vier Tore«. Ein ungewöhnliches Stadtensemble ist nach dem Zweiten Weltkrieg aus der mittelalterlichen Stadt mit ihrer kreisrunden Stadtbefestigung aus massiven Feld- und Backsteinen geworden: An die Stelle der kriegszerstörten historischen Häuser baute man in der Innenstadt größtenteils Wohnblocks. Die **Stadtmauer** aber und ihre großartig verzierten **Backsteintore** des 14. und 15. Jh. ließ man wiedererstehen, und auch die schnuckeligen **Wiekhäuser** – kleine, spitzgiebelige Fachwerkbauten, die in die Stadtmauer eingelassen waren – hat man sorgfältig restauriert. Ein Muss in Neubrandenburg ist also ein Rundgang einmal um diesen Mauernring (von innen fast noch schöner als von außen). Unbedingt sehenswert ist auch die **Konzertkirche**, die gotische Marienkirche aus gelblichen Klinkern, in deren Innern sich ein supermoderner Konzertsaal befindet.

Konzertkirche Neubrandenburg: außen Backsteingotik, drinnen moderner Konzertsaal

■ **Tourist-Info** Stargarder Str. 17, Tel. 01805/17 03 30 (14 ct./min), www.neubrandenburg-touristinfo.de

Neubrandenburg macht mit seinen vielen Neubauten einen fast großstädtischen Eindruck, die Einwohnerzahl hat sich auf ca. 65 000 eingependelt. Nur 10 km südlich bekommt man in **Burg Stargard** verträumte Kleinstadtidylle zu sehen: Nicht mal 5000 Menschen wohnen hier; und wie der Ortsname andeutet, gibt es hier eine mittelalterliche **Burg**. Sie ziert einen der sieben Hügel, die das Städtchen umgeben, gilt als ältestes weltliches Gebäude Mecklenburg-Vorpommerns und ist prächtig anzusehen, allein schon, weil der **Bergfried** so schön herausschaut. Also nichts wie rauf auf den 38 m hohen Turm, damit erschließen sich die elf Gebäude der Burg, der Ort und die umgebende Landschaft. Vor über 1000 Jahren war die Burg ein Teil der Grenzfestungen Brandenburgs, später geriet sie in den Besitz Pommerns und landete dann bei Mecklenburg-Strelitz. In dieser Epoche, im 19. Jh., wurde auch der Aussichtsturm romantisch erneuert.

Nach 27 km Landstraße kehrt man danach in die stille Natur Feldbergs zurück.

Vier großartige Schmucktore unterbrechen die komplette mittelalterliche Stadtmauer Neubrandenburgs; von dem wuchtigen Gemäuer heben sich über 20 winzige Wiekhäuser ab.

■ **Tourist-Info** Am Markt 3, Burg Stargard, Tel. 039603/208 95, www.burg-stargard.de

■ **Einkehr** Burggasthof Zur alten Münze, Auf der Burg 5, Tel. 039603/274 00

■ **Tipp** Öffentliche Burgführung Mai–Sept. Sa, So 14 Uhr

Ein niederdeutscher Dichter

1856–1863 lebte Fritz Reuter in Neubrandenburg, der hier seine schaffensreichsten Jahre als Dichter des Niederdeutschen verbrachte. Der Sohn des Bürgermeisters aus dem nahen Stavenhagen war in seiner Jugend eher ein Versager und wurde während seines Studiums wegen Majestätsbeleidigung sogar zum Tode verurteilt (was aber in eine Haftstrafe umgewandelt wurde, von der er immerhin sieben Jahre verbüßte: »Ut mine Festungstid« heißt eines seiner Bücher). Seine vielseitigen Lebenserfahrungen, u. a. als Gutsgehilfe, führten zu einem scharfen Blick auf die Missstände und Eigenheiten der mecklenburgischen Gesellschaft, in der es 1810, in seinem Geburtsjahr, noch die Leibeigenschaft gab. Reuter verstand es, seine Kritik mit viel Humor zu würzen und war schon zu Lebzeiten ein viel gelesener Autor. Dem Bruder der englischen Queen Charlotte (s. o.), Herzog Adolf Friedrich IV., setzte er mit seinem satirischen Roman »Dörchläuchting« ein bleibendes, aber nicht gerade rühmliches Denkmal. Der Dichter starb 1874 in seinem Alterssitz Eisenach. Das einzige noch vorhandene der vier Häuser, in denen Reuter in Neubrandenburg gewohnt hatte, steht an der Stargarder Straße 35/Ecke Pfaffenstraße und beherbergt ein nettes Café.

17 Rund um den Plauer See

■ Ausflugsart
Radtour, Paddeltour
■ Ausflugsdauer
2 Tage
■ Ausgangs-/Endpunkt
Plau
■ Bevorzugte Monate
Juni–September
■ Anfahrt
A 24 Neustadt-Glewe, B 191: 50 km; A 24 Meyenburg, B 103: 26 km; A 19 Röbel, B 198: 21 km
■ Karten
Kompass Wander- und Bikekarte 1:50 000, Güstrow, Krakower Seengebiet, Plau am See
■ Einkehr
Fischerhaus Plau am See, An der Metow 1, Tel. 038735/83 90, www.ferieninplau.de
■ Hotelvorschläge
Strandhotel, Seestr. 6, Tel. 038735/81 10, www.strandhotel-plau.m-vp.de; Gutshaus Barkow, Dorfstr. 6, Barkow (6 km westl. von Plau), Tel. 038735/82 60, www.gutshaus-barkow.de, an der Elde-Wasserstraße, Kanu- und Fahrradverleih; Pension Zur Scheune, Lübzer Chaussee 12, Tel. 038735/85 50, www.zur-scheune-plau.m-vp.de, auch Kanuverleih mit Rückholdienst, www.kanuteam-plauamsee.de
■ Information
Marktstr. 20, Plau am See, Tel. 038735/456 78, www.plau-am-see.de, www.info-plau.de

Die ganztägige Kanutour auf dem Plauer See zur Insel Plauer Werder steckt voller Erlebnisse: Schleusen auf der alten Müritz-Elde-Wasserstraße, Besuch beim Imker und bei einer Fischerei. Badezeug nicht vergessen! Die Radtour um den Plauer See ist etwas für Genießer von Stille und Natur, aber auch ein Bärengehege und ein Agrarhistorisches Museum liegen an der Strecke.

Paddeln zum Plauer Werder – zu Besuch bei Bienen und Fischen Für die ganztägige Kanutour durch den Plauer See zur Insel **Plauer Werder** sollte man sich gut mit Proviant, Sonnenschutz, Fernglas und Badezeug ausrüsten. Beginnt man die Tour ab der Kanustation an der Elde westlich der Stadt, bekommt man die **Altstadt von Plau** aus ganz besonderer Perspektive zu sehen: Am Südrand des Zentrums führt die **Müritz-Elde-Wasserstraße** entlang und erfordert hier einen Schleusengang (1,33 m Wasserhöhe).

Danach unterquert man die blau gestrichene stählerne **Hubbrücke** von 1916 – und fühlt sich in alte Zeiten zurückversetzt. Rund 500 m nach dem **Plauer Hafen** erreicht man den **Plauer See** und wendet sich nordwärts am grünen Ufer entlang. Ein guter Ansteuerungspunkt ist die kleine, begrünte **Kohlinsel**, bald darauf zweigt die **Leistener Lanke**, ein schmaler Ausläufer des Sees, ca. 2 km weit ins Land ab. Wer sich für Bienen interessiert, sollte diesen landschaftlich schönen Abstecher nicht auslassen, denn am westlichen Ende des Gewässers, jenseits der Straße B 103, kann man sich das **Bienenmuseum** der Schauimkerei Neumann ansehen. Ein **Hofladen** mit **Hofcafé** ist gleich in der Nähe.

Links: Ruhig geht es zu an der Elde-Schleuse in Plau.

Rechts: Die blaue Hubbrücke in Plau tut seit 1916 ihren Dienst.

■ **Einkehr, Besichtigung** Bienenmuseum, Bienenweidegarten, Schauimkerei Neumann, Güstrower Chaussee 38, Plau-Quetzin, Tel. 038735/452 25, www.bienen-neumann.de, Mo–Fr 9–18 (Verkauf 14–18 Uhr), Mai–Aug. auch Sa 10–15, So 10–12 Uhr
■ **Hofladen/Hofcafé Reichelt** Güstrower Chaussee 42, Plau-Quetzin, Tel. 038735/456 04, www.bauernhof-reichelt-plauamsee.de

Am Plauer See bildet auf der Höhe der Leistener Lanke die Insel **Plauer Werder** das jenseitige Ufer. Paddelt man am Westufer des Sees ein wenig nordwärts, erreicht man die engste Stelle zwischen Westufer und Insel (ca. 1,5 km). Nun sollte man ostwärts auf den Werder zuhalten, ihn südlich umrunden und westwärts in die Bucht von **Wendorf** steuern. Links liegt der Werder, man erkennt die Zuchtanlagen der **Fischerei Wendorf** (Spezialität: Stör, Forelle, Saibling), rechts das Festland mit dem Hafen und der Gaststätte **Zur Forelle**, wo die Köstlichkeiten der Fischerei frisch oder geräuchert auf den Teller kommen.
Auf dem Rückweg erkennt man, dass der Werder tatsächlich eine Insel ist: Nur kleine Boote schaffen die schmale **Durchfahrt** am inneren Teil der Bucht westwärts durch den Schilfgürtel (von Westen her ist die Durchfahrt fast nicht zu erkennen!). Dort erreicht man wieder das offene Wasser des Plauer Sees und macht sich, vielleicht nach einer **Badepause** an einem netten Plätzchen, auf den Rückweg nach Plau.

■ **Einkehr** Zur Forelle, Fischerei und Räucherei Alt-Schwerin, Wendorf 4, Alt-Schwerin, Tel. 039932/499 05, http://fischerei-alt-schwerin.de, Fischverkauf 8–18 Uhr, Restaurant ab 11 Uhr, in der Saison früher
■ **Tipp** Erschöpft vom Paddeln schon auf halber Strecke? Kein Problem: Sprechen Sie mit dem Kanuverleih über eine Rückholmöglichkeit!

Die Schleuse in Plau

Sie ist die letzte von 17 auf der 120 km langen Müritz-Elde-Wasserstraße zwischen Dömitz/Elbe und dem Plauer See, der mit weiteren Seen bis zur Müritz in Verbindung steht. Die Schiffe zwischen der Elbe und den Seen müssen insgesamt 49 m Höhe überwinden.

Linke Seite:
Die Elde, Mecklenburg-Vorpommerns längster Fluss, dient als Schifffahrtsweg, ist aber vor allem ein Freizeitgewässer mit viel Natur.

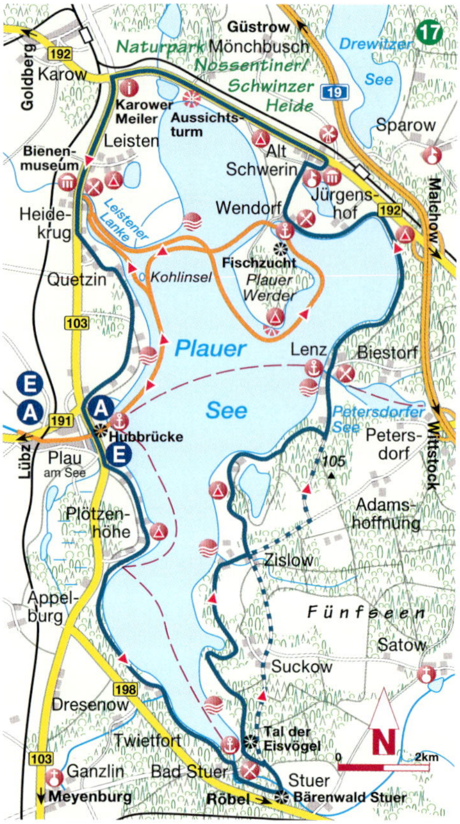

Noch ein paar Paddelschläge, und schon gleitet man hier von der Elde auf den Plauer See hinaus.

Radeln rund um den Plauer See Die Radroute um den 38 km² großen See ist je nach gewählter Strecke ungefähr 50 km lang. Perfekt planiert ist das Ufer des Plauer Sees nicht. Will man bei der Umrundung des Sees am Ufer bleiben, muss man sich vor allem an einigen feuchten Stellen etwas plagen; Alternativrouten sind angegeben.

Südwärts von Plau zweigt von der Meyenburger Chaussee die **Seestraße** ab. Einfach auf den See zuhalten und ihn dann immer zur Linken sehen: So umrundet man ihn entgegen dem Uhrzeigersinn. Auf einer Landspitze passiert man den schön gelegenen **Campingplatz Zulauf**, ein paar Hotels und Bootsstege folgen noch, aber dann ist man mit sich und der Natur ziemlich allein. Am aufgelassenen Ferienplatz an der **Dresenower Mühle** verlockt eine verführerische Bucht erst mal zu einem Bad im klaren, fischreichen Wasser. 10 km nach Plau sind es am Südende des Sees in **Stuer** (sprich: Stur). Schön von Wald umgeben ist der Campingplatz; bis vor 100 Jahren gab es hier ein Kneipp-Kurbad. Die Natur selbst ist hier die Attraktion: Der **Stuersche Bach** schneidet sich nahe seiner Mündung in den Plauer See tief in die Endmoräne ein und bietet mit seinen Steilhängen »Top-Wohnlagen« für den Eisvogel. Die Eisvogelpärchen graben sich bis 1 m lange Bruthöhlen in die Uferwände. Auch die seltenen Wasseramseln und Gebirgsstelzen findet man hier im **Tal der Eisvögel**. Nahebei leben im **Bärenwald Müritz** unter Menschen aufgewachsene Bären, z. B. frühere Zirkustiere. Zehn Bären haben hier auf 8 ha ursprünglicher Natur die Chance, sich an ihre artgerechte Lebensweise zu gewöhnen.

■ **Besichtigung** Bärenwald Müritz, Am Bärenwald 11, Stuer, Tel. 039924/791 18, http://mueritz.baeren-projekte.org, April–Okt. tägl. 9–18, sonst 10–16 Uhr

Schöner Laubwald begleitet die Ostseite des Sees; wer die »naturbelassene« Seeuferstrecke verlässt, hat östlich von **Suckow** und **Zislow** eine akzeptablere Straße nach **Lenz**, wo der Plauer See in den Petersdorfer See übergeht. Nicht versäumen darf man den Weitblick vom **Lenzer Hochufer**, und der feine **Lenzer Krug** direkt an der Wasserstraße kommt für eine Pause gerade recht.

■ **Einkehr** Lenzer Krug, Lenz 1, Malchow, Tel. 039932/16 70, www.lenzer-krug.de

Über den Zeltplatz Malchin gelangt man nach **Jürgenshof** gegenüber dem **Plauer Werder**. Die Insel lässt man links liegen, und Interessierte begeben sich beim **Wendorfer Hafen** nordwärts zum **Agrarhistorischen Museum** von **Alt-Schwerin**. Interessante Einblicke in die Gutswirtschaft des 19. Jh. und die kollektive Landwirtschaft zur DDR-Zeit sind hier das Thema.
Nicht nur Naturfreunde sind begeistert vom **Aussichtstur Moorochse** (so heißen hier die Rohrdommeln) im **Naturschutzgebiet Nordufer Plauer See**: ein unvergesslicher Seeblick und geschätzter Picknickplatz. Auf dem Holzbohlenweg durch das NSG schiebt man das Rad am besten und kommt bald im **Informationszentrum** des **Naturparks Nossentiner-Schwinzer Heide** an, das von Natur und Kultur des Landstrichs seit der letzten Eiszeit berichtet. Auf der B 103 fährt man ca. 3 km südwärts, ab **Quetzin** wieder an das Seeufer und nach Plau zurück.

■ **Besichtigung** Agrarhistorisches Museum, Dorfstr. 11, Alt-Schwerin, Tel. 039932/499 18, www.museum-alt-schwerin.de, Juni–Aug. tägl. 10–18, April, Mai, Sept., Okt. Di–So 10–17/18 Uhr; Freigelände bis Sommer 2011 geschlossen

■ **Naturpark-Informationszentrum** »Karower Meiler«, Ziegenhorn 1, Karow, Tel. 038738/738 40, www.m-vp.de/0629, Mai–Sept. tägl. 10–17, April, Okt. tägl. 10–16, Feb., März, Nov. Mo–Fr 10–16 Uhr

Alter Buchenbestand beschattet hier das Hochufer des Plauer Sees. Wander- und Radwege rund um den See sind meist naturbelassen.

18 Zarrentin – viel Bio am Schaalsee

Ausflugsart
Radtour
Ausflugsdauer
2 Tage
Ausgangs-/Endpunkt
Zarrentin am Schaalsee
Bevorzugte Monate
Mai–Oktober, besonders geeignet: 1. Sonntag im Monat
Anfahrt
Bahn: Büchen, ca. 25 km per Rad; Auto: A 24, B 195 5 km
Karten
Maiwald-Karte Schaalsee 1:50 000; Freizeitkarte Mecklenburg-Schwerin Blatt 3, 1:100 000, Tourismusverband Mecklenburg-Schwerin
Einkehr
Restaurant Vier Linden, Amtsstr. 6, Zarrentin, Tel. 038851/257 69, www.vierlinden-zarrentin.de, Di–So 10–22 Uhr; Fischerei Rehbohm & Voss, Amtsstr. 41, Zarrentin, Tel. 038851/253 54, www.schaalseefischerei.de, tägl. 9–18 Uhr
Hotelvorschläge
Landhaus am Schaalsee, Wittenburger Chaussee 11, Tel. 038851/805 38, www.hotel-zarrentin-schaalsee.de; Hotel Wohler, Hauptstr. 13, Tel. 038851/85 80, www.hotel-wohler.de
Information
Amtsstr. 4–5, Tel. 038851/83 80, www.zarrentin.de, und im Hotel Wohler, s. o.

Auf Radtouren durch das Biosphärenreservat Schaalsee genießt man nicht nur die reiche natürliche Flora und Fauna, sondern trifft auch auf viele ökologische, landwirtschaftliche Produzenten. Mit dem Zukunftszentrum Mensch – Natur – Technik – Wissenschaft, dem alpincenter und dem Mehlsackmuseum beweist Mecklenburgs Südwestecke eine überraschende Vielfalt.

Schaalsee-Rundfahrt für Leib und Seele Erst mal ins **Pahlhuus** (»Pfahlhaus«)! Am Südrand des **Schaalsees** in **Zarrentin** sitzt die Verwaltung des **Biosphärenreservats Schaalsee**, und ein modernes **Informationszentrum** präsentiert dort unterhaltsam alle Aspekte der hiesigen Natur und ihrer Nutzung, von der Eiszeit bis heute. Firmen und Institutionen, die umweltgerechte Produkte und Dienstleistungen der Region anbieten, erhalten die Regionalmarke »Für Leib und Seele« zuerkannt. An jedem **ersten Sonntag im Monat** (10–17 Uhr, April–Nov.) verwandelt sich der Platz vor dem Pahlhuus in einen geschäftigen, von Tausenden Kunden besuchten **Markt** mit qualitätvollen Produkten aus der Umgebung.

Einige der qualifizierten Schaalsee-Produzenten passiert man auf der rund 50 km langen Tour um den See.

■ **Besichtigung** Pahlhuus, Wittenburger Chaussee 13, Tel. 038851/30 20, www.schaalsee.de, März–Okt. Di–So 9–17, sonst Sa, So 10–16 u. n. V.

Von Zarrentins **Uferpromenade** erhält man den schönsten Blick auf das gemütliche Städtchen mit seinen **Fachwerkhäusern** aus dem 18. und 19. Jh. Ansatz für die Siedlung war das im 13. Jh. gegründete **Zisterzienserinnenkloster**. Dessen **Kirche** und der erhaltene **Ostflügel** mit Kreuzgang sind Zarrentins kostbarste Bauten und werden für Ausstellungen und Konzerte genutzt.

■ **Besichtigung** Kloster Zarrentin, Kirchplatz 8, Tel. 038851/83 85 10, www.kloster-zarrentin.de, Ausstellungen Di, Mi, Fr 14–17/18, Sa, So 13–17 Uhr, Führungen n. V.

Der Ort wuchs im 17. Jh. zu einem Marktflecken heran: Der Feuerholztransport für die Lüneburger Saline führte über den Schaalsee und die am Südende abfließende Schaale. Den Titel »Stadt« erhielt Zarrentin erst 1938.

Beim Radeln entlang dem buchten- und inselreichen Westufer des Sees passiert man **Seedorf** mit seiner Kirche (13. Jh.) und dem Schloss (19. Jh.), dann schwenkt man ostwärts ab auf das aussichtsreiche Nordufer des Sees. Ab **Bresahn** hält man auf den 80 m hohen **Lüneburger Berg** zu (er erinnert an die Abholzung der Gegend im 17. Jh.) und wechselt bei **Kittlitz** an das Ostufer einer Reihe lang gestreckter Binnenseen nach **Dutzow**, einst Endpunkt der Schaalsee-Schifffahrt.

In und um **Kneese** sind einige »Leib und Seele«-Produzenten ansässig, wie der **Arche-Hof der Domäne Kneese**, Saftproduzent **Kneese Obst** oder der **Forsthof Kneese** (auch ein nettes Cafe).

■ **Besichtigung** Arche-Hof Domäne Kneese, Dorfstr. 11, 19205 Kneese-Hof, Tel. 038876/310 50, www.lhw-verbund.de; Kneese-Obst, Hauptstr. 23, 19205 Kneese, Tel. 038876/313 49, Mostereisaison ca. Mitte Sept.–Anf. Nov. Di–Sa 8–19 Uhr u. n. V.; Forsthof Kneese, Hauptstr. 15, 19205 Kneese-Dorf, Tel. 03887/313 76, www.forsthof-kneese.de

Oben: Gut besucht und sehr dekorativ ist der Biomarkt vor dem Pahlhuus in Zarrentin.

Unten: Grün und schattig ist der Rad- und Fußweg am Schaalsee in Zarrentin.

Linke Seite:
Kamera, Fernglas und viel Zeit braucht man bei der Umrundung des Schaalsees!

Vom uralten Dorf **Lassahn** mit historischer Kirche mit herrlichen Ausblicken auf den See ist ein Abstecher zur Rast mit frischem oder geräuchertem Fisch im **Brückenhaus am Schaalsee** (Richtung Stintenburginsel, April–Okt. Fr–So 11–21 Uhr) empfehlenswert.

■ **Besichtigung** Grün 22, Dorfstraße 47, 19246 Lassahn, Tel. 038858/22 99 50, www.gruen22.de, Anf. April–Ende Juni und Anf. Sept.–Mitte Nov. Sa 10–15 Uhr, n. V.

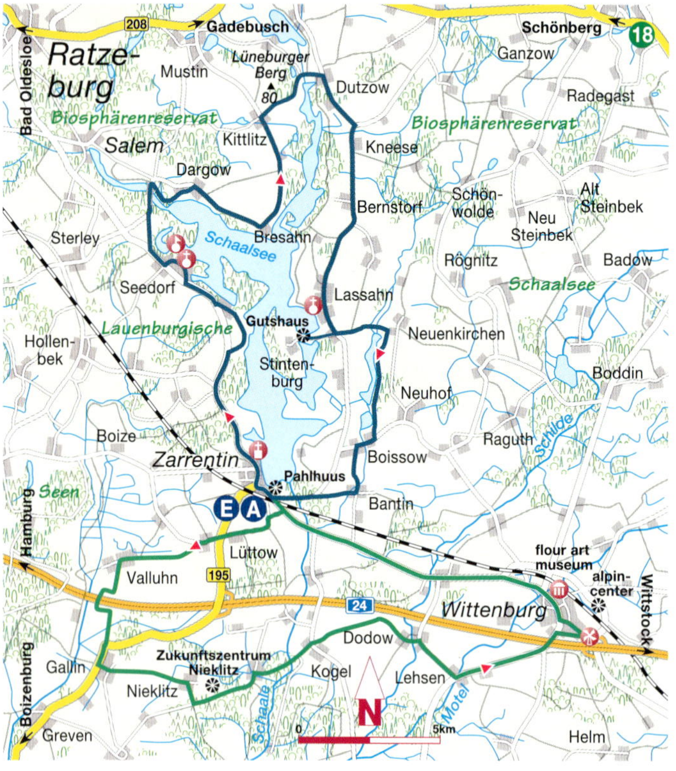

Immer wieder blinkt der Schaalsee, hier am Ostufer bei Lassahn.

Über **Neuenkirchen**, entlang der Ostseite des lang gestreckten Neuenkirchener Sees und Bantin (das **Bienenzuchtzentrum**, Wittenburger Str. 3, www.honig-mv.de, ist nur Mo–Fr 7–15.45 Uhr geöffnet) kehrt man nach Zarrentin zurück.

Biomarkt und Bionik, Megafun und Mehlsäcke Die Radtour (50 km) führt südwärts von Zarrentin nach **Valluhn** und **Gallin**; das Gut Gallin ist mit 1050 ha einer der größten Bio-Landwirtschaftsbetriebe Deutschlands. Östlich von **Nieklitz** ist eine intensive Besichtigungspause angesagt: Das **Zukunftszentrum Mensch – Natur – Technik – Wissenschaft** (ZMTW) ist Erlebnispark und angewandter Botanischer Garten: Hier wird u. a. an 400 Modellen aus der Biologie gezeigt, wie sie Erfindern neue Wege in der Technik weisen (»Bionik«): Z. B. geben Termitenbauten Tipps für Niedrigenergiehäuser und Haifischhaut ist Vorbild für Hightech-Schwimmanzüge. Das interessante Lern- und Wissenschaftszentrum hat auch ein großes Freigelände.

■ **Besichtigung** ZMTW, Moorweg 4, 19258 Nieklitz, Tel. 038843/82 00, www.zmtw.de, März–Okt. 9.30–18, sonst 9.30–17 Uhr

Ca. 18 km weiter erreicht man über **Dodow** und **Lehsen** das Ackerbürgerstädtchen **Wittenburg**, das nach der Wende seinen Standort an der Autobahn Berlin–Hamburg gut für Industrieansiedlungen zu nutzen wusste. Weithin bekannt ist die riesige Halle des **alpincenter** am östlichen Stadtrand, wo man nicht nur 365 Tage im Jahr Wintersport betreiben kann, sondern in der Sommersaison auch viele Sportarten im Freien: Quadfahren, Kartbahn oder ein Hochseilgarten bieten sich an, dazu gibt es ein Spielzentrum für Kinder.

■ **alpincenter Hamburg-Wittenburg** Zur Winterwelt 1, 19243 Wittenburg, www.alpincenter.com, Skihalle tägl. 10–23 Uhr, Outdoorwelt April–Okt. Mo–Fr 14–20, Sa, So 12–20 Uhr, Hochseilgarten Mo–Fr 15–18, Sa, So 12–18 Uhr

Das 309 km² große **Biosphärenreservat Schaalsee** bezieht 10 km² des 24 km² großen und bis 72 m tiefen Schaalsees ein. Die ehemalige deutsch-deutsche Grenze verlief durch den See, dadurch konnte sich die Natur hier über mehrere Jahrzehnte recht ungestört entfalten. Dennoch ist das Reservat keine unberührte Naturlandschaft: 9 % der Fläche sind Gewässer, 18 % Wald und beachtliche 53 % Ackerland. Natur und menschliche Nutzung, u. a. auch die touristische, sollen hier in Einklang gebracht werden.

Eine **Erdholländer-Windmühle** und hierher versetzte Bauernhäuser vermitteln am südöstlichen Ortseingang ein wenig ländliches Flair; das **Rathaus** von 1862 am Markt ist ein Schmuckstück im Tudor-Stil des Mecklenburgischen Hofbaumeisters Georg Adolf Demmler. Das hervorragend renovierte frühere **Amtsgericht** von 1848 steht an der Stelle der ehemaligen Burg. Hier erlebt man heute das außergewöhnliche **Mehlsackmuseum** (flour art museum) mit einer Sammlung von rund 2000 Mehlsäcken aus aller Welt. Nicht nur der profane Sack, vielmehr das Mehl ist hier das weltumspannende Thema. Es reicht von der jahrtausendealten Geschichte des Getreides bis zur Firma Mühlenchemie, deren Geschäftsführer eines Tages über einen Mehlsack am Strand stolperte und zu sammeln begann … (Amtsberg 1, www.flour-art-museum.de, 1. So im Monat u. Tag des Offenen Denkmals 14–17 Uhr, Gruppen n. V. Tel. 040/28 40 39 55).

Das flour art museum holt mit seiner Ausstellung von künstlerisch gestalteten Mehlsäcken die weite Welt nach Wittenburg.

■ **Einkehr** Landgasthof Zur Mühle, Am Mühlenberg 8, Tel. 038852/236 10, www.wittenburger-muehle.de

Durch Wald, Moor und Felder geht es nach Zarrentin zurück.

19 Glückstadt und die Wilstermarsch – Skiken, Radeln, Schiffe anschauen

■ Ausflugsart
Stadtrundgang, Skiketraining, Radtour, Schifffahrt
■ Ausflugsdauer
2 Tage
■ Ausgangs-/Endpunkt
Glückstadt
■ Bevorzugte Monate
Juni, September
■ Anfahrt
Bahn: stündlich ab Hamburg; Auto: A 7, A 23, B 495, von Süden auch B 73, B 495 bzw. A 1, B 71, B 495 und Elbfähre Wischhafen – Glückstadt (Überfahrt 25 Min., alle 30 Min.)
■ Karten
ADFC Radtourenkarte Nr. 1 1:150 000, BVA Bielefelder Verlag; Wilstermarsch Land unter Tour, ca. 1:30 000, Wilstermarsch-Service
■ Einkehr
Kulinarium im Wasserturm, Bohnstr. 1, Tel. 04124/60 85 60, www.kulinarium-wasserturm.de; Kandelaber, Am Markt 14, Tel. 04124/93 27 77, www.restaurant-kandelaber.de
■ Hotelvorschläge
Pension am Museum, Am Fleth 32, Tel. 04124/60 83 25, www.pensionammuseum.de; Hotel Raumann, Am Markt 5–6, Tel. 04124/916 90, http://hotel-raumann.de
■ Information
Große Nübelstr. 31, Tel. 04124/93 75 85, www.glueckstadt-tourismus.de

Entspannt bummelt man durch das im 17. Jh. am Reißbrett geplante Hafenstädtchen Glückstadt, das alljährlich seinen schmackhaften Matjeshering feiert. An den stillen Deichen der Elbe lässt sich ungestört skiken – nur die Schafe schauen sich verwundert die »Skiläufer auf Rädern« an. Zwischen dem Fluss Stör und dem Nord-Ostsee-Kanal liegt das Land tiefer als sonst wo in Deutschland: Mit dem Fahrrad geht es auf eine vielseitige »Land-unter-Tour«.

■ Tipp Alljährlich im Juni feiern die Glückstädter ihre Matjeswochen. Die Stadt hat es mit ihrer längsten Matjestafel der Welt ins Guiness-Buch der Rekorde geschafft.

Rundgang durch Glückstadt Die am Reißbrett geplante Stadt ist gut überschaubar: Vom **Markt** gehen strahlenförmig zehn Straßen ab, drei westwärts und sieben in östlicher Richtung vom **Fleth** – das ist eine etwa nord-südlich verlaufende Wasserstraße quer durch den Ort. Das **Rathaus** ❶ am Markt erinnert mit seiner prächtigen Backsteinfassade und seinen Sandsteinverzierungen an Kopenhagens Spätrenaissance-Börse. Zurückhaltend ragt auf der Ostseite des Markts der Turm der **Stadtkirche** ❷ von 1623 heraus, die erste neu errichtete evangelische Kirche Schleswig-Holsteins. Ihr zur Seite steht eine Huldigung an den Stadtgründer: Die **Bronzebüste Christians IV.** wurde 1992 zum 375. Stadtjubiläum aufgestellt und ist eine Kopie des Originals im Kopenhagener Schloss Rosenborg. Zwischen Rathaus und Kirche strahlt am Markt 9 das dreige-

Glückstadt (rund 11 000 Einwohner) ist ein kleines städtebauliches Juwel. Es sollte im 17. Jh. den Traum des Landesherrn, des dänischen Königs Christian IV. (1588–1648) verwirklichen, der erfolgreichen Hansestadt Hamburg den Rang abzulaufen. Er wollte die auf der Elbe vorbeiziehenden Schiffe schon hier in den Hafen locken, 50 km vor der Konkurrentin. Seit 1617 wurde fleißig gebaut: Hafen, Residenzschloss, Festung und die Stadtanlage mit regelmäßigem Grundriss. Hier war Religionsfreiheit garantiert, und ein buntes Völkchen von Juden aus Portugal, Reformierten aus Holland und anderen Glaubensverfolgten erwies sich anfangs als tatkräftige Gewerbetreibende. Doch nach dem Tod des umtriebigen Königs wurde der Ausbau nur noch halbherzig verfolgt, das kommerzielle Glück stellte sich nicht ein. Glückstadt blieb Garnisons- und Verwaltungsort, die Festungen wurden 1815/1816 geschleift, die Stadt fiel 1867 an Preußen. Seit dem 17. Jh. ist in Glückstadt Fischerei angesiedelt, berühmt ist die Stadt wegen der Produktion der jungfräulichen Heringe zu Matjes.

Linke Seite:
So repräsentativ wie die Renaissancebauten in Kopenhagen wünschte sich Dänenkönig Christian IV. auch das Rathaus in Glückstadt.

schossige Haus des Kaufmanns und Reeders Löhmann, der den schmuckvollen **Kandelaber** auf dem Marktplatz stiftete.

Ein Spaziergang am Fleth führt zum **Brockdorff-Palais** ❸ von 1632, einst Gouverneurssitz, heute Heimat des **Detlefsen-Museums** zur Stadtgeschichte (Fleth 43, Mi, So 14–17, Do, Sa 14–18 Uhr) und des Stadtarchivs. Aus dem Grün der Wallanlagen ragt der **Wasserturm** ❹ von 1909 heraus, heute ein Restaurant mit Weitblick. An Glückstadts lange Tradition als Garnisonsstadt erinnert am Jungfernstieg 13 die **Soldatenbude** ❺ von 1633, als es noch keine Kasernen gab. Wo früher Obergericht und Regierungskanzlei ansässig waren, erhielt die Volkshochschule in der Königstraße Nr. 36 das barocke **Wasmer-Palais** ❻ als Domizil. Der Kaminsaal im Obergeschoss mit seinen Stuckverzierungen von 1710 gibt heute Konzerten einen eleganten Rahmen. Das **Provianthaus** ❼ von 1705 markiert etwa den Standort des um 1700 abgebrochenen Königsschlosses.

Die Straße Proviantgraben führt zum stimmungsvollen Binnenhafen. Ein Schmuckstück ist die lange, bunte Häuserzeile entlang der schönen Straße **Am Hafen**; das Ensemble steht unter Denkmalschutz.

Stille Idylle am Glückstädter Binnenhafen

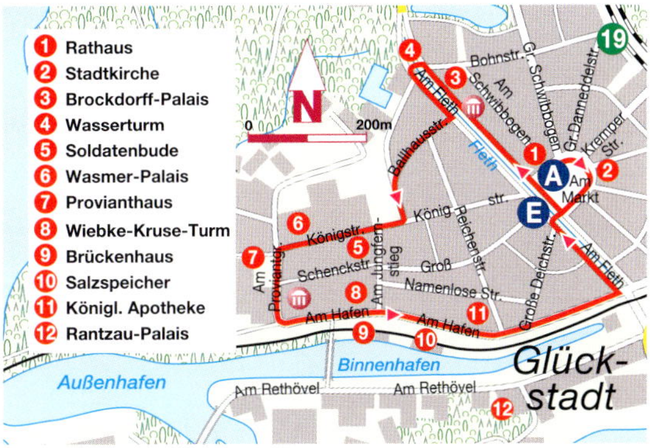

Zu einem Welthafen, wie ihn Christian IV. plante, wurde Glückstadt nicht – glücklicherweise: Umso gemütlicher spaziert man heute entlang den freundlichen Häusern am Binnenhafen.

Das **Palais** Am Hafen Nr. 46, Sitz des Kunstvereins, war u. a. Regierungskanzlei und besitzt einen gepflegten Barockgarten. Im Vorläuferbau vom Turmhaus in Nr. 40, dem **Wiebeke-Kruse-Turm** ❽, soll die Mätresse Christians IV. gewohnt haben. Das **Brückenhaus** ❾, ein kleiner Fachwerkbau in Nr. 61, ist der Rest einer abgebrochenen Brücke, und wie wichtig für die Fischerei das Salz war, demonstriert der wuchtige backsteinerne **Salzspeicher** ❿. Einst war in Am Hafen 14 die **Königliche Apotheke** ⓫ untergebracht, und am Rethhövel 9, jenseits des Binnenhafens, glänzt heute das Wohnhaus **Rantzau-Palais** ⓬, das früher eine weniger rühmliche Vergangenheit als Gefängnis hatte. Am Fleth entlang kann man wieder zum Markt zurückkehren.

■ **Tipp** Öffentliche Stadtführung Juli/Aug., Sa 15 Uhr, April–Okt. jeden 1. So im Monat 14 Uhr ab Stadtkirche/Markt

Skiken ist wie Skilanglauf ohne Schnee und auch ohne Skier: Stattdessen befestigt man eine Schiene mit zwei luftgefüllten Rädern von je 15 cm Durchmesser an den Füßen, den Skike, ein Sportgerät zwischen Ski und Bike. Da die Räder, anders als bei Inline-Skates, Profil haben und größer und breiter sind, ist man nicht unbedingt auf asphaltierte Wege angewiesen, auch auf Grasnarbe und Waldboden kann man skiken. Ideal für den Anfänger ist natürlich ein ebener Untergrund, wie z. B. die überschaubaren, geraden Asphaltwege entlang der Deiche, wo einen niemand stört und höchstens mal die Deichschafe hochschauen.

Beim Skiken auf stillen Asphaltwegen nahe dem Elbdeich rollt man ungestört durch die Landschaft.

Ausbildung im Skiken erhält man in Glückstadt und Umgebung bei der Skike-Trainerin Frauke Nissen-Bücker; sie kann auch die Ausrüstung zur Verfügung stellen. Die Trainingszeiten und weitere Informationen sind auf ihrer Homepage zu finden, Sondertermine können vereinbart werden; Tel. 04124/93 71 25, www.nordic-walking-nissen-buecker.de.

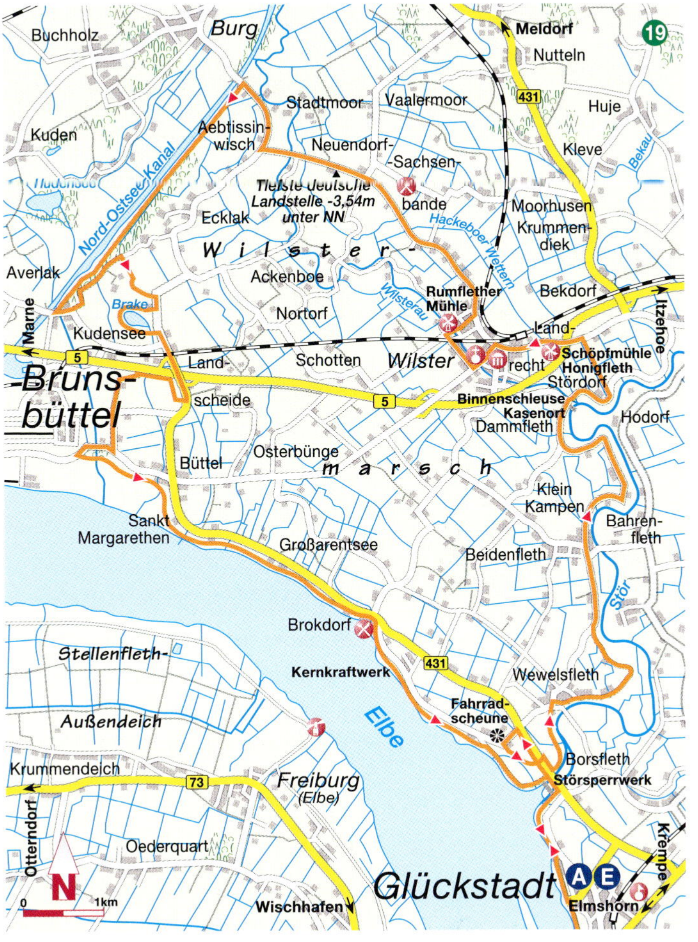

Skiken am Deich Für Ortsfremde mag der Straßenname **Kimming** merkwürdig klingen, und der Ort **Blomesche Wildnis** sollte einen nicht abschrecken: Hier – nördlich von Glückstadt und der geschäftigen B 495, die vom hiesigen Ufer als Fähre über die hier gut 3 km breite Elbe nach Wischhafen weiterläuft – hat man seine Ruhe. Ist man erst mal im Schutz des Hauptdeichs auf den Skikes ins Rollen gekommen, lässt sich's mit mehr Sicherheit im Skiken bald auch im **Deichvorland** locker dahinrollen. Gleich nebenan auf dem Elbstrom ziehen Schiffe aus aller Welt vorbei, Riesen-Containerschiffe, aber auch Küstenmotorschiffe und Segelboote. Der Fernwehblick beflügelt, und vielleicht ist man unversehens schon an der Mündung der **Stör** angekommen. Und für geübte Skiker ist die schier endlose Deichlandschaft ein Eldorado!

Einkehr Galerie-Café Knudsen, Am Neuendeich 161, Blomesche Wildnis, Tel. 04124/89 04 49; Gasthaus Op de Deel, Am Neuendeich 127, Blomesche Wildnis, Tel. 04124/87 00, www.opdedeel.de, Mi–So 17.30–21.30, Fr–Sa auch 11.30–14.30 Uhr

Land-unter-Tour Das Land hinter dem Elbdeich ist platt, aber nie langweilig. Das verdeutlicht die **Land-unter-Tour** (die Radtour heißt wirklich so! Symbol: ein tief liegendes Haus im Schutz eines Deichs) durch die **Wilstermarsch**, das Marschengebiet zwischen der

Begrüßung am Elbdeich

Containerriesen und Kreuzfahrtschiffe geben sich am Nord-Ostsee-Kanal die Ehre und ziehen majestätisch durchs Binnenland.

in engen Schleifen dahinfließenden **Stör** und dem **Nord-Ostsee-Kanal**. Die hier beschriebene rund 70 km lange Route führt auch an die tiefste begehbare Landstelle Deutschlands.

Hat man, von Glückstadt kommend, das **Störsperrwerk** überquert, ist man in der Wilstermarsch angelangt – benannt nach dem Städtchen **Wilster** inmitten dieser flachen Landschaft, die man, ungefähr den Windungen des Flusses folgend, in der Ferne schon liegen sieht. In östlicher Richtung liegen, jenseits der Stör, das Städtchen **Krempe** und die nach ihm benannte **Krempermarsch**. Man mag es kaum glauben, aber beide Städte waren einst Hafenstädte mit internationalem Schiffsverkehr! Wo die **Wilsterau** bei **Kasenort** in die Stör mündet, folgt man noch ca. 1 km der Stör, bis die ausgeschilderte Land-unter-Tour nordwärts in die Marsch abbiegt. Bald darauf erreicht man die historische **Schöpfmühle von Honigfleth**, die letzte von Hunderten von Entwässerungsmühlen, die einst dies tief gelegene Land überhaupt nutzbar machten. Schon im 12. Jh. machten sich holländische Kolonisten an die Arbeit, das Marschenland zu entwässern, einzudeichen und zu kultivieren. 1282 wurde Wilster mit Stadtrechten versehen – eine der ältesten Städte Schleswig-Holsteins. Mittelalterlich ist nur noch die Ortslage: Die barocke **Bartholomäuskirche** mitten auf dem zentralen Marktplatz leisteten sich die Bürger 1780. Architekt war kein Geringerer als Ernst Georg Sonnin, der vorher die berühmte St. Michaeliskirche in Hamburg geschaffen hatte. Ein prächtiger Fachwerkbau ist das **Alte Rathaus** (zzt. keine Besichtigung), während das **Neue Rathaus** ursprünglich 1786 für die Familie Doos als Stadtpalais gebaut worden war.

■ **Tourist-Info** Mühlenstr. 13, Wilster, Tel. 04823/921 59 50, www.wilstermarsch-service.de
■ **Einkehr** Café Egge, Am Markt 20, Tel. 04823/301, www.cafe-egge.de, tägl. ab 7.30 Uhr

Westlich des Städtchens passiert man die **Rumflether Mühle** »Aurora«, ein Gallerieholländer, in dem Korn gemahlen wurde. Bei **Neuendorf-Sachsenbande** erlebt man das Gegenteil eines Gipfelsturms: Hier ist mit 3,54 m unter normaler Meeresspiegelhöhe **Deutschlands tiefste Stelle** erreicht, und man kann sich mit seinem Namen in einem Gästebuch verewigen.

■ **Einkehr** Zum Dückerstieg, Dückerstieg 7, Neuendorf-Sachsenbande, Tel. 04823/929 29, www.dueckerstieg.de, Di–Fr 10–14, 17–21, Sa, So 10–21 Uhr

Bald ist der **Nord-Ostsee-Kanal** erreicht (s. a. S. 44) – man könnte ihn hier mit einer Fähre überqueren, aber diese Tour folgt dem Kanal auf ca. 8 km südwärts. Man hat dabei in aller Regel beste Gelegenheit, große Seeschiffe ganz aus der Nähe zu bewundern. Ab der Fähre von **Kudensee** folgt man den Land-unter-Schildern in einem weiten Bogen um die Industrieanlagen, das Kernkraftwerk und die Windrad-Felder von **Brunsbüttel** nach Büttel und **St. Margarethen** am **Elbdeich**. So gegensätzliche Anblicke wie reetgedeckte Häuser, Riesenwindräder und das skandalumwitterte **Kernkraftwerk von Brokdorf** säumen die Deichstrecke. Brokdorf lockt sogar mit einem **Badestrand**.

■ **Einkehr** Elbblick Brokdorf, Dorfstr. 65, Tel. 04829/90 00, www.elbblick-brokdorf-hotel-sell.de, Mi–So ab 11.30 Uhr

Nicht nur für Radler ist **Die Fahrradscheune** im Außendeichsgelände von Wewelsfleth interessant: Hier steht ein denkmalgeschützter Hof des 18. Jh. mit dem original erhaltenen **Husmannshus** und einer Scheune (Barghus), in der Fahrräder der vergangenen 130 Jahre zu sehen sind (Wewelsflether Außendeich 3, Tel. 04829/455, Besichtigung n. V.).
Wieder wird das Störsperrwerk überquert, und nach dieser Rundtour weiß man seinen Nutzen besser einzuschätzen: Erst seit seinem Bau 1975 kann das gesamte Hinterland, die Kremper- und die Wilstermarsch, bereits an dieser Stelle vor Sturmflutwasser geschützt werden. In den Jahrtausenden zuvor konnten verheerende Fluten in die Stör eindringen und führten immer wieder zu Überschwemmungskatastrophen in den Marschen – jetzt verriegelt man bei Gefahr einfach das Sperrtor.

Gäbe es keine Deiche, wäre man hier, bei 3,54 m unter dem Meeresspiegel, rettungslos verloren!

20 Lüneburg und das Hannoversche Wendland

■ **Ausflugsart**
Stadtrundgang, Wellness-Aufenthalt, Autotour
■ **Ausflugsdauer**
2 Tage
■ **Veranstaltungsort**
Lüneburg
■ **Ausgangs-/Endpunkt**
Lüneburg
■ **Bevorzugte Monate**
September–Dezember
■ **Anfahrt**
Bahn: stündl. IC/ICE-Halt der Strecke Hannover–Hamburg; Auto: A 1 oder A 7, dann A 250/B 209
■ **Karten**
ADFC-Radtourenkarte Nr. 7 1:150 000, BVA Bielefelder Verlag
■ **Einkehr**
Zum Alten Brauhaus, Grapengießerstr. 10, Tel. 04131/72 12 77, www.brauhaus-lueneburg.de, Mo–Sa 11.30–23, So 11.30–16 Uhr; Glockenhof Café-Restaurant, Gr. Bäckerstr. 17 a, Tel. 04131/22 05 99, Mo–Fr 9.30–18, Sa 9–18, So 13–18 Uhr
■ **Hotelvorschläge**
Ringhotel Bargenturm, Vor der Sülze 2, Tel. 04131/72 90, www.hotel-bargenturm.de; Haus auf dem Meere, Auf dem Meere 6, Tel. 04131/77 44 92, www.privat-zimmer-lueneburg.de
■ **Information**
Rathaus/Am Markt, Tel. 04131/207 66 20, www.lueneburg.de

In der alten Salzstadt Lüneburg begegnet man auf Schritt und Tritt dem Reichtum, den das Salz den Städtern im Mittelalter brachte. Heute kann man die wohltuende Wirkung der Salzsole auf moderne Weise im »SaLü« genießen. In Lüneburgs östlichem Hinterland fährt man durch eine weite Waldlandschaft mit eigentümlichen, uralten Rundlingsdörfern – in ihnen scheint die Zeit stillzustehen.

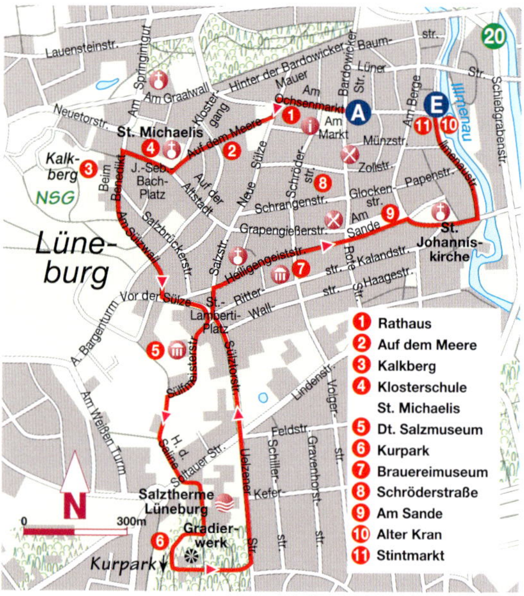

Lüneburg und das Salz Weit über 1000 Jahre schon profitiert die Stadt **Lüneburg** (71 000 Einwohner) von ihrem Bodenschatz **Salz**, im Mittelalter ein überaus lukrativer Handelsartikel. Die ständige Entnahme der Salzsole hat ihre Spuren im Stadtbild hinterlassen. Startet man am **Markt** und geht dann über den Ochsenmarkt, entlang der Nordfassade des über die Jahrhunderte immer wieder verschönerten und erweiterten **Rathauses** ❶, bekommt man einen Eindruck von dem Reichtum, der den Lüneburgern im Laufe der Zeit zufiel, mehr noch bei einer **Rathausführung** (Tel. 04131/207 66 20, Di–Sa 11, 14 und 15.30, So 11 und 14 Uhr). Hinter dem Rathauskomplex führt die Straße **Auf dem Meere** ❷ die Kehrseite der Sole-Entnahme vor Augen: Hübsch sind sie ja, die Häuschen, aber in welch bedenkliche Schräglage sackten sie im Laufe der Zeit!

Salz machte die Stadt Lüneburg reich.

Das ehrwürdige Alte Rathaus von Lüneburg ist vom Mittelalter bis heute immer wieder erweitert worden. Die barocke Fassade ist ein Blickfang für den Marktplatz. Links im Rathaus befindet sich die Touristeninformation.

Berühmt war die Stadt am Fuße des 57 m hohen **Kalkbergs** ❸ einst auch für ihre Musikausbildung: Johann Sebastian Bach (1685–1750) war 1700–1702 Chorschüler an der **Klosterschule St. Michaelis** ❹. Das Benediktinerkloster wurde im 14. Jh. errichtet. Die Straßennamen in diesem Viertel, wie **Am Sülzwall** oder **Vor der Sülze**, weisen darauf hin, dass man der **Saline** nahe ist, wo bis 1980 die Salzsole eingedampft wurde. In einem Teil dieses alten Bauwerks ist das **Deutsche Salzmuseum** ❺ untergebracht, das die vielseitigen Aspekte des Naturprodukts und die Ausbeutung der Lüneburger Sole vom 10. bis zum 20. Jh. sehr anschaulich darstellt.

■ **Deutsches Salzmuseum** Sülfmeisterstr. 1, Tel. 04131/450 65, www.salzmuseum.de, tägl. 10–17 Uhr, April–Sept. Mo–Fr schon ab 9 Uhr

Spaziert man weiter auf der Straße **Hinter der Saline**, erreicht man jenseits der Soltauer Straße den **Kurpark** ❻ mit seinem mächtigen **Gradierwerk**, das erfrischende, salzhaltige Luft erzeugt. Gleich am Nordeingang macht das **SaLü**, die **Salztherme Lüneburg**, mit den verschiedensten Anwendungen und Genüssen salziger Fluten bekannt. Sie ist eine echte Wellness-Oase, in der man sich es viele Stunden wohl sein lassen kann.

■ **SaLü** Kurzentrum Lüneburg, Uelzener Str. 1–5, Eingang Soltauer Str., Tel. 04131/723-0, www.kurzentrum.de, Mo–Sa 10–23, So, Fei 8–21 Uhr; u. a. Floatarium, Aqua-Jogging, Cycling und Pilates

Am anderen Ufer der Ilmenau ist der Stintmarkt eine der wichtigsten Gastromeilen der heutigen Stadt Lüneburg.

Lüneburger Handel, Kunst und Gewerbe Hunderte von gut restaurierten historischen Stadthäusern stehen an den meist schmalen Gassen. Das **Brauereimuseum** ❼ in der Heiligengeiststr. 39 (Di–So 13–16.30 Uhr) erläutert Lüneburgs Bierherstellung von 1484 bis zum heutigen Moravia-Pils. Man quert die gemütliche Restaurant- und Cafémeile **Schröderstraße** ❽ – beliebt auch bei den vielen Lüneburger Studenten – und gelangt auf den von eindrucksvoll verzierten Giebelhäusern umstellten Platz **Am Sande** ❾. Am östlichen Ende reckt die **St. Johanniskirche** ihren leicht

Veranstaltungen gegen Ende des Jahres:

Sülfmeistertage: Anfang Oktober, Wettspiele zur Wahl des Sülfmeisters; Festumzug mit historischen Trachten, am Ende steht die traditionelle Verbrennung des Kopefasses

Lüneburger Martinimarkt: November, turbulenter Kram- und Lebensmittelmarkt mit viel Unterhaltung, Kinderkarussell für die Kleinen

Adventsstadt Lüneburg: Auf dem Markt vor dem Rathaus sehr stimmungsvolle Dekorationen und Stände, tägl. nachmittags kommt der Weihnachtsmann, Trompetenspiel erklingt vom Rathausbalkon, www.weihnachtsstadt-lueneburg.de

Historischer Christmarkt: Erstes Wochenende im Dezember um die St. Michaeliskirche: Weihnachtsmarkt mit bekannten und unbekannten Dingen von Händlern in historischer Kleidung

Der Alte Kran am Ufer der Ilmenau ist das Symbol für die Verschiffung des »Weißen Goldes«. Wichtiges Ziel des Salztransports war Lübeck, die Königin der Hanse.

schiefen, 108 m hohen Turm in den Himmel; berühmt ist die **Barockorgel** in dieser fünfschiffigen Kirche des 13. Jahrhunderts. Mit wenigen Schritten ist man an der **Ilmenau**, einst ein wichtiger Fluss, auf dem das Lüneburger Salz über die Elbe und einen mittelalterlichen Kanal zur »Königin der Hanse« Lübeck und von dort nach ganz Skandinavien gelangte. Mindestens seit dem 14. Jh. hievte man mit einer Anlage wie dem **Alten Kran** ⑩ am Ilmenauufer die Fracht in die kleinen Schiffe. An jene alten Zeiten mag man denken, während man auf dem **Stintmarkt** gegenüber ⑪ in einer der vielen Kneipen den Rundgang genussvoll beendet.

Autotour ins Hannoversche Wendland

Man quert den **Elbe-Seitenkanal** am eindrucksvollsten am **Schiffshebewerk Scharnebeck**, wo Binnenschiffe die 38 m hohe Landstufe zwischen Elbmarsch und Geest in 15 Minuten in zwei 100 m langen Trögen überwinden (Ausstellungspavillon Mitte März–Ende Okt. tägl. 10–18 Uhr).

Die waldreiche Gegend um den Flecken **Dahlenburg** besitzt viele vorgeschichtliche Gräber; den einschneidendsten historischen Eindruck hinterließ indes die »Göhrdeschlacht« am 16. September

Im Luftbild von Lübeln wird die typische Anlage eines Rundlingsdorfs deutlich: Um einen zentralen Platz scharen sich die Gehöfte. Das Freilichtmuseum Wendlandhof Lübeln ist im Vordergrund zu sehen.

1813: Dies war das einzige Mal, dass norddeutsche Truppen das napoleonische Heer besiegten. In den Jahren mit ungerader Zahl wird auf dem Schlachtfeld bei **Oldendorf-Lüben** diese Begebenheit mit entsprechender Kostümierung nachgestellt. Im riesigen Misch- und Nadelwaldgebiet der **Göhrde** ließ sich der Celler Herzog das barocke **Jagdschloss Göhrde** erbauen. Slawische Ortsnamen wie Schnadlitz, Wittfeitzen oder Waddweitz kann man sich lustvoll auf der Zunge zergehen lassen, aber in **Lübeln** sollte man

Das Hannoversche Wendland

Westlich der alten Salzstadt erstreckt sich die Landschaft **Lüneburger Heide**, im Osten das **Hannoversche Wendland**. Wenden nannte man die Slawen, die im 9. Jh. von Osten her in dieses Land eingewandert waren. Wie im östlichen Schleswig-Holstein oder Mecklenburg-Vorpommern hinterließen die Slawen auch im Wendland erstaunlich klingende Ortsnamen; man findet Zungenbrecher wie »Witzeetze« »Meußließen« oder »Tolstefanz«. Im Grenzgebiet zwischen deutscher und slawischer Bevölkerung sind sog. Rundlingsdörfer (oder Rundlinge) zu finden: Die Häuser stehen kreisförmig um einen zentralen runden Platz, zu dem oft nur eine Straße wie eine Sackgasse hinein- und herausführt. Im Hannoverschen Wendland sind noch ca. 100 Rundlinge erhalten.

Kräutergarten im Rundlingsmuseum Wendlandhof Lübeln

haltmachen: Der Ort ist nicht nur ein Rundling, wie er im Buche steht, sondern besitzt im **Rundlingsmuseum** die beste Stätte, mehr über diese Dorfform zu erfahren – es ist ein lebendiges Freilandmuseum.

■ **Rundlingsmuseum** Lübeln 2, Küsten, Tel. 05841/962 90, www.rundlingsmuseum.de, April–Okt. tägl. 10–18 Uhr, sonst n. V.
■ **Einkehr** 1. Deutsches Kartoffelhotel & Restaurant, Lübeln 1, Tel. 05841/13 60, www.kartoffel-hotel.de

Wer Gefallen gefunden hat an diesem schönen Dorf, schaut vielleicht auch noch in **Satemin**, **Kremlin** oder **Schreyahn** vorbei, um dann über **Lüchow** und **Dannenberg** in **Hitzacker** die Elbe zu erreichen, von wo aus man auf landschaftlich schöner Strecke im Elbtal über **Neu Darchau** bis **Bleckede** fährt, um nach Lüneburg zurückzukehren.

Den Garten des Freilichtmuseums pflegen unterschiedliche Hilfskräfte ...

21

Schneverdingen – Kutsche fahren und Reiten in der Lüneburger Heide

■ Ausflugsart
Kutschfahrten, Wanderungen, Ausritte
■ Ausflugsdauer
2 Tage
■ Ausgangs-/Endpunkt
Schneverdingen
■ Bevorzugte Monate
September
■ Anfahrt
Bahn: Regionalzüge Buchholz–Soltau–Hannover, 1–2-stündlich; Bus: Mitte Juli–Mitte Okt. kostenloser »Heide-Shuttle« mit Fahrradtransport u. a. ab Schneverdingen (www.heide-shuttle.de); Auto A 7 Bispingen
■ Karten
Naturschutzgebiet Lüneburger Heide 1:40 000, Landesvermessungsamt Niedersachsen; Reitrouten s. u. bei Information
■ Einkehr
Gasthaus Cohrs, Enge Str. 1, Tel. 05193/12 18, Di Ruhetag
■ Hotelvorschläge
Hotel Schäferhof, Heberer Str. 100, Tel. 05193/35 47, www.hotel-schaeferhof.de; Hotel-Restaurant Café Ramster, Heberer Str. 16, Tel. 05193/68 88, www. hotel-ramster.de
■ Information
Rathauspassage 18, Tel. 05193/938 00, www.schneverdingen-touristik.de; Naturpark Lüneburger Heide, www.naturpark-lueneburger-heide.de/Routen/reiten_gesamt.html

Die jahrhundertealte Kulturlandschaft der Lüneburger Heide lässt sich besonders gut auf dem Pferderücken mit allen Sinnen erfahren – dafür gibt es hier an die 200 km ausgeschilderte Reitwege. Ganz geruhsam kommt man auch per Kutsche durch die Lande.

In und um Schneverdingen Der uralte Ort **Schneverdingen** am südwestlichen Rand des **Naturschutzparks Lüneburger Heide** ist schon seit dem 13. Jh. urkundlich genannt und erst seit 1976 ein Städtchen, zu dem zehn Heidedörfer gehören. Es bietet ringsum gleich vier Landschaften, die typisch sind für das Gebiet zwischen Elbe und Aller: Wald im Nordosten, vielfältige landwirtschaftliche Flächen im Westen und Süden, das **Pietzmoor** im Südosten und schließlich die **Osterheide**. Das Heidegebiet im Osten setzt sich fast ohne Unterbrechung bis zur höchsten Erhebung der Lüneburger Heide fort, dem **Wilseder Berg** mit 169 m (12 km Luftlinie von Schneverdingen).

Täglich gehen in der Saison vom **Schneverdinger Rathaus** Kutschfahrten ab. In zwei bis drei Stunden erfährt man das We-

sentliche zu dieser alten **Kulturlandschaft** (s. Kasten), u. a., warum **Schafzucht** und **Imkerei** ein wichtiger Bestandteil der Heidekultur sind. Meistens wird der frei zugängliche **Heidegarten** südlich des 120 m hohen **Höpen** gezeigt, wo sich ein **Aussichtsturm** und ein **Schafstall** befinden.

■ **Klaus Meyer Kutschfahrten** Finteler Str. 8, Tel. 05193/64 91, www.kutschenmeyer.de, Touren ab Schneverdingen und Niederhaverbeck April–Okt., ganzjährig n. V.

Südöstlich von Schneverdingen erstreckt sich das **Pietzmoor**, eine Hochmoorlandschaft, in der einst Torf gestochen wurde – früher ein wichtiges Heizmaterial. Heute lässt man die trockengelegten Flächen wieder vernässen, das Moor kann sich regenerieren, und typische Moorpflanzen wie Sonnentau oder Wollgras breiten sich wieder aus. Ein ca. 5 km langer **Rundwanderweg** für Fußgänger erschließt auf Bohlenwegen die einsame Landschaft.

■ **Tipp** Zur Heideblüte (und Hauptferienzeit!) im August starten in Niederhaverbeck, gut 3 km vom Wilseder Berg entfernt, besonders viele Kutschfahrten. Da die Heide bis ca. Mitte-Ende September ihre schöne rosa Farbe behält, kann man sich auch eine geruhsamere Zeit zur Betrachtung der Heideblüte aussuchen. Eindrucksvoll ist die weite, wellige Heidelandschaft zu allen Jahreszeiten.

Ein paar Kilometer östlich von Schneverdingen ist das Heidedörfchen **Niederhaverbeck** Ausgangsort für viele Kutschfahrten und Standort eines **Informationshauses** des Vereins Naturschutzpark, der seit über 100 Jahren die Kulturlandschaft bewahrt.

■ **Naturinformationshaus »Hans-Pforte-Haus«** Niederhaverbeck, Tel. 05198/379, Mitte Juli–Sept. tägl. 10–16 Uhr, sonst n. V.; geführte Touren n. V; Tel. 05198/98 70 37, www.naturpark-lueneburger-heide.de

Die »klassische« Kutschentour ab Niederhaverbeck führt entlang dem erfrischenden Tal der **Haverbecke** durchs **Heidetal**; ein **Schafstall** macht auf die Heidschnucken aufmerksam, deren

Kulturlandschaft Heide

Die ursprüngliche Vegetation der Gegend zwischen Elbe und Aller war Mischwald u. a. mit Eichen und Haselbüschen, aber schon seit der Bronzezeit (ab ca. 1700 v. Chr.) verschwand viel Wald für Ackerland. Später bediente man sich auch noch am Holz für den Schiffbau, z. B. in Hamburg, oder als Energiequelle für die Salzsiederei in Lüneburg.

Auf den kahlen Stellen des überwiegend sandigen Moränenbodens der vorletzten Eiszeit machte sich die Heide *(Calluna vulgaris)* breit, ein kleiner Strauch, dem zwei Bedingungen zuwider sind: Schatten und Humus. Nur wo die Sonne hinfällt und wo der Boden karg ist, kann er gedeihen. Die hiesigen Bauern entwickelten eine hoch spezialisierte Heidewirtschaft mit Wolle- und Honigproduktion. Sie ließen die besonders genügsame Schafrasse der Heidschnucken das Heidekraut kurz und es von aufkeimenden Birkenschösslingen und anderen Schattenpflanzen frei halten. Und die Bauern waren auch Imker: Honig war bis zur Einführung des Rüben- und Rohrzuckers wichtiges Süßungsmittel.

Spaziergänger genießen die Heidelandschaft (links) – und Heidschnucken sorgen für ihren Erhalt (oben).

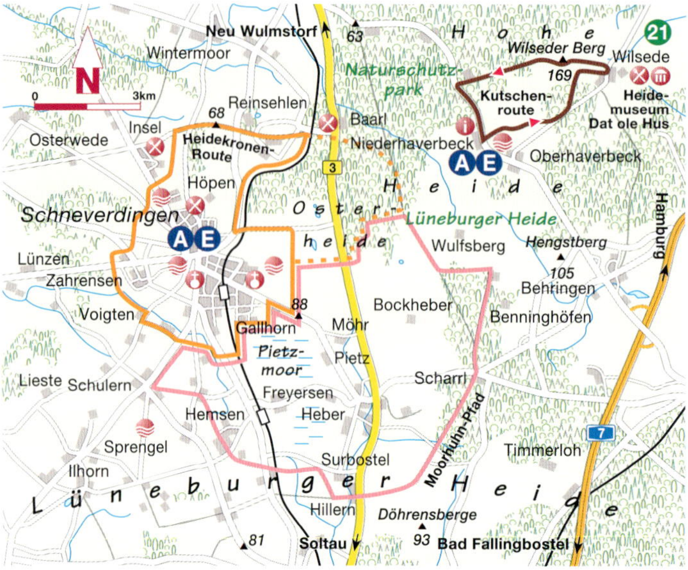

Ganz stilvoll kommt man mit zwei PS durch die Heide, und der Kutscher weiß viel zu erzählen.

Herde man vielleicht unterwegs mit ihrem Schäfer zu sehen bekommt. Am heideüberwachsenen Stadtberg (146 m) vorbei erreicht die Kutsche die Westseite des **Wilseder Bergs**. Der Kutscher gibt seinen Gästen Gelegenheit, den höchsten Gipfel der Norddeutschen Tiefebene zu besteigen – ein leichtes Vergnügen. Bei klarem Wetter sieht man in nördlicher Richtung den über 40 km entfernten Hamburger Fernsehturm. Schön ist der Blick in die Runde: weite Heideflächen, mit Wacholderbüschen durchsetzt und von dunklen Wäldern begrenzt.

Wer will, folgt nun ostwärts durch ein Waldstück dem Europäischen Wanderweg Nr. 1 (markiert mit weißem Andreaskreuz) und steigt erst in **Wilsede** (gut 1 km) wieder in die Kutsche. Einen regelrechten »Kutschenbahnhof« gibt es hier! Vorher aber sollte man sich im reetgedeckten **Heidemuseum Dat ole Hus** umsehen (Mai–Anf. Okt. Di–So 10–13, 14–17 Uhr). Man lernt die mühselige Arbeit der früheren Heidebauern kennen: Um die Heide zu pflegen, »plaggten« sie dort Heidesoden ab, wo sich zu viel Humus bildete. Die Plaggen dienten als Stallstreu, die später auf den Äckern untergepflügt wurde. Heute wird die Heide maschinell geplaggt und so die für die Heide zerstörerische Humusbildung unterbunden. Zur Ausstattung des winzigen, denkmalgeschützten Dörfchens gehören auch Schnuckenställe und Bienenzäune sowie zwei zünftige Gaststätten unter Reetdach.

■ **Einkehr** Zum Heidemuseum (Gasthof), Tel. 04175/217, www.zum-heidemuseum.de, tägl. geöffnet; Milchhalle Wilsede (Selbstbedienungsgaststätte), Tel. 04175/80 29 32, April–Okt. tägl. ab 10, sonst Sa, So ab 11 Uhr und n. V.

Durch Wald und Heide zuckelt die Kutsche über **Einem** nach Niederhaverbeck zurück.

Bald ist es wieder soweit – für einen Ausritt durch die schattigen Wälder der Lüneburger Heide.

Reiten in der Heidelandschaft

In der Gemeinde Schneverdingen gibt es zahlreiche Reiterhöfe mit einladenden Programmen für ganz unterschiedliche Reiterwünsche.

■ **Reiterhöfe** Island-Gestüt Bockholts-Hoff, Tel. 05193/529 20, www.bockholts-hoff.de;
Ferien- und Reiterhof Manfred Glüß Tel. 05193/43 78, www.reiterhof-luenzen.de

Das Island-Gestüt **Bockholts-Hoff** in **Lünzen** unternimmt regelmäßig sonntags **drei-** oder **fünfstündige geführte Ausritte** in die vielfältige Landschaft. Ein beliebter Treffpunkt für **Wanderreiter** ist im selben Dorf der **Reiterhof Lünzen**. Hier ist auch viel Spaß beim Stuntreiten, bei heißen Partys und Tanzen angesagt.

Verlockend sind außerdem rund **200 km ausgeschilderter Reitwege** im Gebiet des **Naturparks Lüneburger Heide**. Eine interaktive Karte unter www.naturpark-lueneburger-heide.de gibt jedes Detail der Routen an. Je nach Lust und Laune kann man sich seine Route zurechtlegen: durch schattigen Wald, über offenes Heideland, durch grüne Flusstäler, einsame Moore oder zu erfrischenden Seen. Die Wege sind mit Reitersymbolen ausgeschildert. Es werden u. a. 18 Tagestouren vorgeschlagen; für die Gegend von Schneverdingen eignet sich die 25 km lange **Heidekronen-Route**, die einen weiten Kreis um den Ort macht, oder der 32 km lange **Moorhuhn-Pfad**, der östlich und südöstlich von Schneverdingen durch Heide, Wald und entlang dem Pietzmoor führt.

Rast für Pferde und Reiter am Waldrand in der Heidelandschaft

22 Papenburg – auf der Route der Luxusliner

■ Ausflugsart
Besichtigungen, Radtour
■ Ausflugsdauer
2 Tage
■ Ausgangs-/Endpunkt
Papenburg
■ Bevorzugte Monate
Juli, August
■ Anfahrt
Bahn: IC-Halt auf der Strecke nach Emden/Norddeich; Auto: A 31, Ausfahrt Papenburg
■ Karten
ADFC Regionalkarte Ostfriesland 1:75 000, Bielefelder Verlag
■ Einkehr
Schnürboden, Ölmühlenweg 1 (Alte Werft), Tel. 04961/92 00, www.hotel-alte-werft.de, tägl. 12–14 u. 18–22 Uhr; Benz, Hauptkanal links 68, Tel. 04961/942 49 23, www.benz-papenburg.de, tägl. ab 10 Uhr, Mo nur bis 15 Uhr
■ Hotelvorschläge
Altes Gasthaus Kuhr, Hauptkanal rechts 62, Tel. 04961/664 30, www.kuhr-hotel.de; Deverstübchen Hotel Garni, Deverweg 75, Tel. 04961/62 62, www.deverstuebchen.de
■ Information
Ölmühlenweg 21 (ganzjährig) und Museumsschiff Brigg »Friederike«, Hauptkanal rechts 68/69 (April–Okt.), 26871 Papenburg, Tel. 04961/839 60, www.papenburg-tourismus.de

In Papenburg sieht man auf der Meyer Werft supermoderne Luxus-Kreuzfahrtschiffe im Bau, die später die Ozeane der Welt bereisen. Schnuckelig herausgeputzt ist der Ort mit seinen vielen Kanälen; entlang der Ems und der riesigen Nordseebucht Dollart herrscht paradiesische Ruhe. Aber alte Geschichten bringen auch Abenteuer und schlimme Zeiten ans Licht.

Papenburg, Stadt der Wasserstraßen Ein Spaziergang entlang dem **Hauptkanal** mit Nostalgieschiffen wie der **Brigg Friederike** (im Sommer Touristeninformation), blumengeschmückten Häusern und **Klappbrücken** sowie dem **Rathaus** aus rotem Backstein erinnert stark an die benachbarten Niederlande. Wie es in einer ländlichen Fehnsiedlung früher aussah, zeigt am **Splittingkanal** im Osten der Stadt das **Freilichtmuseum Von-Velen-Anlage** (April–Okt. tägl. 10–18 Uhr).

Im 18. Jh. entwickelte sich Papenburgs wichtigstes wirtschaftliches Standbein, die Werftindustrie, neben der Handelsschifffahrt und der Landwirtschaft. Von einst 23 Werften ist eine einzige geblieben, die 1795 gegründete **Meyer Werft**. Jedes Jahr macht sie

Die Welt kennt die »**African Queen**« aus dem Film mit Humphrey Bogart; die Meyer Werft baute das Passagier- und Frachtschiff und lieferte es 1913 in die damalige Kolonie Deutsch-Ostafrika (heute Tansania). In Einzelteile zerlegt, erreichte es Dar es Salaam, denn es musste noch rund 1250 km per Eisenbahn über Land transportiert werden, um seinen Dienst unter dem Namen »Graf Goetzen« auf dem Tanganjika-See anzutreten. Lange Freude hatten die Deutschen damit nicht: Im Ersten Weltkrieg versenkten sie das Schiff 1916 im See, damit es nicht in Feindeshand geriet. Nach mehreren Bergungsversuchen machten die Engländer als die neuen Herren im Protektorat Tanganjika das Schiff wieder flott; es fährt noch heute unter dem Namen »Liemba« seit 1927 auf dem tiefsten See des Kontinents. Noch ist die abenteuerliche Geschichte der ehemaligen »Graf Goetzen« nicht zu Ende, denn die Meyer Werft denkt über eine Rückholung des rund 100 Jahre alten Schiffes nach.

Die **Meyer Werft** kündigt die spektakulären Abfahrten ihrer Schiffe auf ihrer Homepage an; hier wird per Webcam auch der wöchentliche Fortschritt der Arbeiten in den riesigen Baudocks gezeigt (www.meyerwerft.de).

Linke Seite: Die Bark »Friederike« ankert im Fehnkanal vor dem Rathaus von Papenburg.

Schlagzeilen, wenn wieder einmal ein riesiges, luxuriöses Kreuzfahrtschiff von Papenburg flussabwärts auf Jungfernfahrt geht – ein Volksfest die ganze Ems hinab. Die Werft mit ihren riesigen Baudocks präsentiert sich täglich selbst als hochinteressantes Ziel, das Besucherzentrum mit Werksführung ist ein Muss!

■ **Besichtigung** Meyer Werft, zentrale Reservierung über Papenburg Tourismus, Tel. 04961/839 60 und online; mehrmals tägl. zweistündige Führungen

Täglich wachsen die Luxusliner in der Meyer Werft – und man darf dabei zuschauen.

Erst seit den 1980er-Jahren werden an dieser Stelle Schiffe gebaut, in der historischen Werft entstand das vielseitige Kulturzentrum **Forum Alte Werft** (Ölmühlenweg 1, Programm: www.papenburg-kultur.de) mit Theater, Stadthalle, Galerien und einem Hotel mit erstklassigen Restaurants. Auf diesem Komplex verrät auch der **Papenburger Zeitspeicher** höchst unterhaltsam alles Wissenswerte zur Geschichte und Gegenwart der Stadt (Ölmühlenweg 21, April–Okt. Mo–Sa 9–18, So 9–16.30, sonst Mo–Sa 9–17 Uhr). Auch die **Touristeninformation** befindet sich hier.

Radtour entlang der Ems und durch das Rheiderland Wer nicht gerade an einem der Aufsehen erregenden Auslieferungstage eines Luxusliners hier entlangfährt, erlebt die still dahinfließende Ems und eine reiche Vogelwelt in der Aue, alte gemütliche Marschendörfer und die ostfriesische Stadt **Leer** an der Mündung der Leda in die Ems. Die Reederei-Stadt ist ein wichtiger Handelsort für Tee. Jeder

Papenburg (35 000 Einwohner) liegt 50 km im Binnenland, im nördlichen **Emsland**. Bis hier unterliegt die **Ems** den **Gezeiten**. Von der verschwundenen Wasserburg »Papenborch« nahm im 16. Jh. die Entwässerung und Besiedlung des angrenzenden Moores (Fehn, niederländisch »veen«) ihren Anfang: Kanäle mit begleitenden Straßen prägen heute die größte **Fehnsiedlung** Deutschlands.

Die alte Hafenstadt Leer ist die Hauptstadt des Ostfriesentees.

Ostfriese trinkt jährlich 290 Liter dieses Nationalgetränks! Beim Bummel am **Rathaus** vorbei, entlang der **Uferpromenade** und durch die **Fußgängerzone Mühlenstraße**, bekommt man einen lebendigen Eindruck dieser geschäftigen Stadt (34 000 Einwohner). Ihre reiche Tradition erlebt man am **Museumshafen**, in den winkligen Gassen der **Altstadt** und beim Anblick der vielen **Kirchen**.

■ **Einkehr** Zur Waage, Neue Str. 1, Tel. 0491/622 44, www.restaurant-zur-waage.de, Mi–So 11.30–14 und 18–21 Uhr
■ **Tourist-Information** Ledastr. 10, Tel. 0491/91 96 96 70, www.stadt-leer.de

Am Petkumer Hafen wartet man auf die nostalgische kleine Fähre über die Ems.

Auf der Höhe des Dorfs **Gandersum** sichert seit 2002 das moderne **Emssperrwerk** das Land emsaufwärts vor Sturmfluten und ermöglicht einen Stau des Emswassers, wenn ein Schiffsgigant die Meyer Werft verlässt (Besichtigung des Sperrwerks Mitte Mai–Ende Sept. Sa 15 Uhr, und über Ostfriesland Reiseservice Leer, Tel. 0491 / 91 96 96 17, www.ostfriesland-reiseservice.de).
Schon ein Vorort von Emden ist das Dorf **Petkum**, wo man auf der wackeren, über 80-jährigen **Emsfähre** zum linken Ufer des Flusses nach **Ditzum** gelangen kann (Mitte März–Ende Okt. Mo–Fr

10–11-mal tägl. 6.30–17.30, Mai–August auch 19.30 Uhr, Sa, So 7–8-mal tägl. 10.30–17.30, Mai–August auch 19.30 Uhr, www.landkreis-leer.de). Hier am »Ende der Welt«, auf der Halbinsel zwischen Ems und **Dollart**, lockt das gemütliche Dorf mit Leuchtturm, Windmühle und kleinem Hafen sowie seinen Restaurants und Cafés zu einer Rast.

■ **Einkehr** Dat lüttje Café, Kirchstr. 9, Ditzum, Tel. 04902/99 00 83, www.luettjecafe.de, März–Nov. tägl. 11–18 Uhr, sonst Fr–So

Dem modernen Siel **Nieuwe Statenzijl** auf der niederländischen Seite des Dollarts kann man einen Besuch abstatten und wendet sich dann dem uralten Dorf **Bunde** zu, das auf erhöhtem Land außerhalb des Dollart-Einbruchs liegt.

■ **Einkehr** Wiemannshof (mit Dollartmuseum), Rheiderlandstr. 3, Bunde, Tel. 04953/91 08 50, Mo Ruhetag

Der entzückende Hafenort **Weener** ist berühmt durch seine Orgelakademie **Organeum**, untergebracht in einer prächtigen, großbürgerlichen Villa von 1870. Hübsch ist der **Alte Hafen** und sportlich der neue Yachthafen, von dem aus man am **Emsdeich** entlang nach Papenburg zurückkehrt und am Ende noch einen großartigen Blick von außen auf die Meyer Werft hat.

■ **Tourist-Information** Osterstr. 1 (Rathaus), Weener, Tel. 04951/305 10, www.weener.de

■ **Besichtigung** Organeum, Osterstr. 18, Tel. 04951/91 22 03, www.organeum-orgelakademie.de, www.ostfriesischelandschaft.de, Di–Fr 10–12, Di–Do 15–17 Uhr und n. V

■ **Einkehr** Hafenklause, Am Hafen links 31, Tel. 04951/914 89 33, Di–So 11–22 Uhr

Der Dollart

Gewaltige Sturmfluten schufen die riesige Bucht Dollart und begruben hier gegen Ende des Mittelalters die Marsch und Dutzende Siedlungen im Meerwasser. In mühsamer Arbeit rangen die Menschen vom 16. bis ins 20. Jh. dem überspülten Gebiet durch Eindeichung mehr als die Hälfte des verloren gegangenen Landes ab (Polder), doch noch heute besitzt der Dollart ca. 100 km² Wasserfläche. Die herbe, einsame Polderlandschaft und der flache Dollart selbst sind bedeutendes Vogelrevier.

Das Zentrum der Orgelforschung im ostfriesisch-niederländischen Raum ist das Organeum in Weener.

23 Quakenbrück – per Fahrrad und Draisine durchs Artland

■ Ausflugsart
Radtour, Draisinefahrt
■ Ausflugsdauer
2 Tage
■ Ausgangs-/Endpunkt
Quakenbrück
■ Bevorzugte Monate
Juni, September
■ Anfahrt
Auto: A 1 Dinklage 16 km; Bahn: NordWestbahn stündlich Osnabrück–Oldenburg
■ Karten
Radwandern im Osnabrücker Land 1:50 000, BVA-Verlag
■ Einkehr
Restaurant Heimatstube, Alençoner Str. 8, Tel. 05431/66 76, www.restaurant-heimatstube.de, Di–So 12–14 und ab 18 Uhr; Café Konditorei Brinkmann, Lange Str. 72, Tel. 05431/33 96, Mo–Sa 7–18.30, So 9.30–18 Uhr
■ Hotelvorschläge
Hotel Hagspihl, Lange Str. 66, Tel. 05431/22 33, www.hotel-hagspihl.de; Bahnhofs-Hotel, Bahnhofstr. 35, Tel. 05431/22 53, www.bahnhofshotel-hasetal.de
■ Information
Lange Str. 44, Tel. 05431/90 75 90, www.artland.de, www.quakenbrück.de

Beim Rundgang durch die einstige Hansestadt Quakenbrück quert man mehrmals das Flüsschen Hase. Seine fruchtbare Aue machte das umliegende Artland zu einer reichen Agrarlandschaft, was man während der Radtour an eindrucksvollen Gehöften ablesen kann. Auch mit verschiedenen Typen von Draisinen kann man sich durchs Artland bewegen.

Attraktionen in Quakenbrück Der gepflasterte **Marktplatz** mit einem modernen Europa-Brunnen in der Mitte ist ein Schmuckstück (freitags ist Markttag). Die Bauwerke ringsum erinnern an die lange Geschichte der ehemaligen Hansestadt. Zum klassizistischen **Rathaus** führt eine elegante zweiläufige Freitreppe hinauf. Die katholische **St. Marienkirche** musste nach dem Zweiten Weltkrieg wiederaufgebaut werden und bezieht einen **Wehrturm** mit ein, die einzige noch sichtbare Erinnerung an die im 13. Jh. als Grenzfeste errichtete Landesburg der Osnabrücker Bischöfe. Der **Burgmannshof Voßhagen** von 1625 liegt etwas zurückgesetzt und beherbergt heute ein Restaurant. Aus dem Anfang des 19. Jh. errichteten hohen Kaufmannshaus nebenan wurde das sehens-

Der Europabrunnen auf dem Marktplatz vor dem Rathaus von Quakenbrück

werte **Stadtmuseum** (Do, Sa, 15–18, So 10.30–17 Uhr). Auf der Höhe eines barocken **Patrizierhauses** von 1776 öffnet sich der Markt zur **Langen Straße**. Entlang dieser sanft geschwungenen Hauptachse der Altstadt sind zahlreiche schön verzierte **Fachwerkbauten** erhalten, eindrucksvoll unterbricht das alte Stadttor **Hohe Pforte** ihren Verlauf nach Norden. Nahebei schlängelt sich ein Hase-Arm malerisch durchs Städtchen. Die gotische **Große Mühle** an der Hase bildet zusammen mit einem weiteren **Burgmannshof** und einem klassizistischen Kontor- und Wohnhaus ein ansehnliches Ensemble. Hübsche alte Gassen führen aus mehreren Richtungen zur größten Kirche der Stadt, der evangelischen **St. Sylvesterkirche** (Mai–Okt. Mo–Sa 14–16 Uhr). Die gotische Hallenkirche erhielt einen barocken Turm von 68 m Höhe. Im Innern beeindrucken das riesige **Triumphkreuz** aus dem 14. Jh. sowie die erhaltenen **Wand-**

Durch **Quakenbrück** fließt die Hase, das erklärt das »-brück« im Namen. Brücken querten schon im Mittelalter mehrere Hase-Arme der einstigen Hansestadt: Die Stege scheinen aber ein wenig wackelig gewesen zu sein – mit dem englischen »quake« (beben, zittern) meint man den eigenwilligen Ortsnamen zu deuten. Obwohl quakende Frösche wohl keine Schuld an dem Namen tragen, ist der informative Stadtrundgang mit überdimensionalen Frosch-Spuren markiert und heißt plattdeutsch: Poggenpad.

Zu den Glanzpunkten des Stadtmuseums Quakenbrück zählt diese komplette Apothekeneinrichtung.

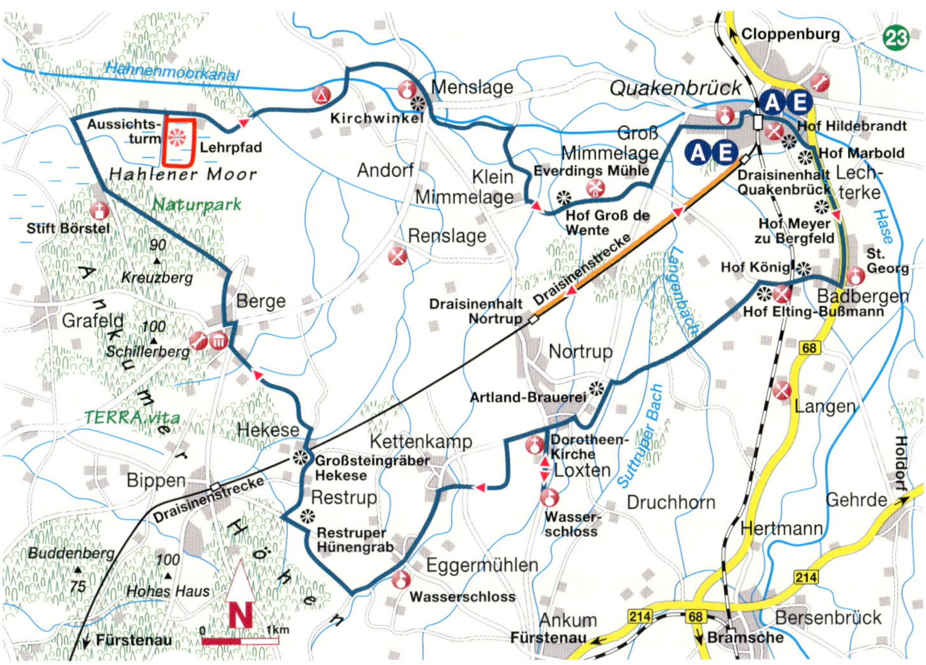

Mit der Handhebel-Draisine kann man eine ganze Großfamilie auf einer stillgelegten Bahnstrecke durchs Artland transportieren. Auch Club- und Fahrrad-Draisinen stehen zur Auswahl, bei denen muss man in die Pedalen treten.

malereien. Das Kirchengestühl ist fantasievoll geschnitzt und bemalt; u. a. findet man hier die fürs Artland typischen **Drachen**. Ein Drache erscheint auch im Stadtwappen, und die in der Bundesliga spielenden Quakenbrücker Basketballer heißen **Artland Dragons**.

Mit der Draisine durchs Artland Überhaupt geht es in der Stadt sportlich zu: Auf der Hase lässt sich **Kanu** fahren, durch die Straßen touren Touristengrüppchen auf originellen **Spaßrädern,** und vom Draisinenbahnhof aus strampelt oder »hebelt« man sich z. B. von Quakenbrück nach Nortrup mittels **Draisine**. Einst fuhren Bahnstrecken-Kontrolleure auf pedalgetriebenen Schienenfahrzeugen (Draisinen; diese Vorläufer des Fahrrads wurden von K. F. Drais 1817 erfunden) energiesparend auf den Bahngleisen und spähten technische Fehler aus. Inzwischen wandelte sich die frühere professionelle Schieneninspektion zu einem großen Spaß für Familien und kleine Gruppen (ca. 4–16 Personen) auf stillgelegten Bahnstrecken.

Ungefähr eine Stunde veranschlagt man für die gemütliche Fahrt auf den 8 km von Quakenbrück nach Nortrup durchs abwechslungsreiche Artland. Bei der **Clubdraisine** treten bis zu vier Personen in die Pedalen – die übrigen Teilnehmer können dabei die Aktiven kräftig anfeuern oder genauso gut in aller Ruhe die schöne Landschaft an sich vorüberziehen lassen. Bei der **Handhebel-Draisine** bewegen wenigsten zwei Personen mit einer Art »Wippe« auf dem Deck das Gefährt vorwärts. Unter Umständen ist es möglich, für Hin- und Rückfahrt die verschiedene Draisinentypen auszuprobieren. Ideal ist zwischendurch ein nettes Picknick in Nortrup. Eine Vorbestellung der Draisinenfahrt ist notwendig.

■ **Info** Touristen-Information Quakenbrück oder Hasetal-Touristik, Langenstr. 33, Löningen, Tel. 05432/59 95 99, www.hasetal.eu
■ **Einkehr** Picknick empfohlen

Große Artland-Rundfahrt Für die Radtour von rund 70 km verlässt man **Quakenbrück** südwärts auf kleinen Straßen und ist schon bald von Äckern umgeben. In **Lechterke** liegen in Eichenhainen versteckt gleich zwei prächtige alte Höfe nahe beieinander. **Hof Hildebrandt**, ein Vollerwerbshof, bietet auch Unterkünfte in einer Heuherberge und ist bekannt für seine großartigen Gourmet-Events; die Restaurantecke im kopfsteingepflasterten Innenhof ist umgeben von der eindrucksvollen Hofanlage (Burenstroaten 5, Tel. 05433/8823, www.heuhotel-hildebrandt.de). Der **Hof Marbold** ein paar Hundert Meter weiter wird nicht mehr bewirtschaftet und beeindruckt durch seinen strengen Baustil und die Stille. Ein völlig anderes Bild bietet **Hof Meyer zu Bergfeld** neben der B 68: Der dichte Baumbestand um den riesigen Biohof gemahnt an uralte Zeiten. Angeblich soll schon Karl der Große hier genächtigt haben. Sicher ist, dass man hier im **Hofladen** qualitätvolle Biokost kaufen kann (Bergfelder Ort 1, Badbergen, Tel. 05433/9146867, Mo, Mi 10–18, Di, Fr 9–18, Do 10–19, Sa 9–14 Uhr).

Das Dorf **Badbergen** wirkt wie eine winzige Stadt. Die **St. Georgskirche** ist das älteste Gotteshaus der Gegend, Teile des wuchtigen Turms entstanden im 10. Jh., romanische und gotische Portale weisen auf eine längere Bauzeit hin. Interessant ist im Innern der Taufstein aus dem 13. Jh.: Nach der Reformation erhielt er einen zweiteiligen Deckel – von der einen Seite taufte man Protestanten, von der anderen Katholiken. Die Hofanlage an der Nortruper Straße, **Hof König**, ist überaus gepflegt – sie wirkt fast wie ein Museum – und dient der modernen Fleischfabrik nebenan als Gästehaus. Sehr einladend wirkt der große **Hof Elting-Bußmeyer** mit Restaurant, Café und umfangreichem Ausflugsprogramm. Berühmt ist Eltings sonntägliches **Original Artländer Bauernfrühstück**, das keiner hungrig verlässt.

Einen besonders schönen Schaugiebel besitzt der Artlandhof Elting-Bußmeyer. Das Haupthaus stammt aus dem 18. Jh., der Hof wird bereits im 14. Jh. erwähnt.

Artland heißt die äußerst fruchtbare Haseniederung in der Umgebung von Quakenbrück; es war die Kornkammer des Osnabrücker Bistums. Die Geschichte vieler Höfe lässt sich bis ins Mittelalter zurückverfolgen. Als nach den Wirren des Dreißigjährigen Kriegs 1648 in Osnabrück und Münster der Westfälische Friede ausgerufen worden war, kehrte im Artland eine lange Zeit des Wohlstands ein. Einzelhöfe in Fachwerkbauweise, meist von riesigem, altem Baumbestand umgeben, prägen heute noch die Landschaft. Die Bauern drückten im 17. und 18. Jh. mit prachtvollen Hofgebäuden ihren Reichtum aus. Besonderes Augenmerk genoss der Haupthaus-Giebel. Die vierseitige Hofanlage bildet einen Innenhof, sein Eingang ist zumeist eine Durchfahrtscheune, deren Öffnung den Blick auf die Giebelzier lenkt. Hier galt: Je mehr Holz für das Fachwerk verwendet wurde, umso kostbarer war das Haus.

■ **Einkehr** Hof Elting-Bußmeyer, Vehser Str. 7, Tel. 05433/279, www.hof-elting.de, Sa ab 11, So ab 9.30, Mai–Aug. Mi–Fr ab 11, sonst ab 15 Uhr

Das Wasserschloss Loxten ist seit Jahrhunderten im Privatbesitz der Familie von Hammerstein. Mit Voranmeldung ist eine Außenbesichtigung möglich.

5 km weiter liegt in **Suttrup** (ein Ortsteil der Gemeinde Nortrup) die **Artland-Brauerei** in einem stolzen, alten Hofgeviert, darin – natürlich – ein Biergarten, wo man gleich das Artländer Pilsener und das dunkle Artländer Nox probieren kann (Haller Str. 4, Tel. 05436/96 96 17, www.artland-brauerei.de, Brauereibesichtigung n. V.). In **Loxten** lohnt ein Abstecher auf den schönen Friedhof mit der neugotischen **Dorotheen-Kirche** von 1860. Der Name erinnert an die Stifterin Dorothea Freifrau von Hammerstein. Das **Wasserschloss Loxten** 1 km südlich, ein Renaissancebau von 1698, gehört der Familie von Hammerstein bis heute und ist nach Voranmeldung von außen zu besichtigen (Tel. 05436/208 Mo, Di 8–12 Uhr). Weitere rund 6 km führen zum **Wasserschloss Eggermühlen**, einer weitläufigen Schloss- und Hofanlage, wo man Ferienwohnungen beziehen kann. Parallel zum Eggermühlenbach verläuft die Große Allee, bis man auf die liebevoll wiederrichtete **Wassermühle Wöstenesch** stößt.

Viele Bäche plätschern aus den **Ankumer Höhen** der Hase zu. Dieser stellenweise über 100 m aufragende Hügelzug, eine markante Endmoräne der vorletzten Eiszeit, war in vorgeschichtlicher Zeit über Jahrtausende hinweg besiedelt. Bald trifft man in der Gemeinde **Restrup** auf die Ausschilderung des **Hünenweges**, eines 2009 gut markierten Wanderwegs zwischen Osnabrück und Ostfriesland. Das **Restruper Hünengrab** ist schon ein wenig eingesunken; daneben liegt ein rätselhafter sog. **Schalenstein**, ein großer Findling mit 66 Vertiefungen an der Oberfläche – niemand weiß, wozu er diente. Eine der mächtigsten Hünengrabstätten ist knapp 2 km nördlich zu bewundern: Fast 100 m lang ist der Komplex der **Großsteingräber von Hekese**.

■ **Einkehr** Gasthof Zu den Hünensteinen, Hekeser Str. 50, Bergen-Hekese, Tel. 05435/10 35

Das uralte Dorf **Berge** ist stolz auf seine zwei Kirchen, die katholische **Pfarrkirche St. Servatius** aus dem 12. und 13. Jh. und die klassizistische **Lutherkirche** von 1839, die einen Kanzelaltar besitzt. Durch die dichten Forstgebiete der nordwestlichen Ankumer Höhen gelangt man am Waldrand zum reizvollen Ensemble des **Stifts Börstel.** Das ehemalige Zisterzienserinnenkloster des 13. Jh. ist seit der Reformation bis heute ein Stift mit katholischen und evangelischen Stiftsdamen; zahlreiche musikalische und andere kulturelle Veranstaltungen finden hier statt.

Besichtigung Stift Börstel, Führungen April–Okt. Sa, So und Feiertage 15, 16 Uhr und Di–So n. V., Tel. 05435/954 20, www.boerstel.de

Abrupt endet der Geestrand der Ankumer Höhen, und die grüne Ebene des **Hahnenmoors** breitet sich davor aus. Heute sind weite Teile davon Naturschutzgebiet, während hier früher Torf gestochen wurde. Ein ca. 4 km langer **Lehrpfad durch das Hahlener Moor** erläutert Landschaftsgeschichte und Natur. Der ca. 700 m von der Straße entfernte **Aussichtsturm** gewährt einen weiten Blick auf die Moorlandschaft. In **Menslage** ist man wieder im Bereich der Haseniederung angelangt. Die wiederaufgebaute mittelalterliche **Wehrkirche St. Marien** bildet den Mittelpunkt des bildhübschen **Kirchwinkels** mit seinen Fachwerkspeichern. Wer Kunstgewerbe liebt, besucht in Menslage das Geschäft **Holzwurm** (Hauptstr. 9, Tel. 05437/822, www.holzwurm-menslage.de, tägl. 9.30–12.30, 14.30–18 Uhr) oder die **Töpferei Breukelgen** (Herberger Feldstr. 4).

Einkehr Café am Kirchwinkel, Hauptstr. 13, Menslage, Tel. 05437/94 79 07

Südlich des Flüsschens Kleine Hase gelangt man auf ebenen Asphaltstraßen in **Klein Mimmelage** zum prächtigen **Hof Groß de Wente**, einem Artlandhof von 1831, der sich auf Rinderzucht spezialisiert hat. Schon von fern sind die Flügel von **Everdings Mühle** zu sehen, einem Erdholländer von 1785 aus dem Emsland, der hier ab 1877 seine Arbeit als Kornmühle leistete und heute noch tadellos funktioniert.

Besichtigung Everdings Mühle, Mimmelager Str. 63a, Badbergen, OT Mimmelage, Tel. 05436/96 96 66, www.everdings-muehle.de, Vorführungen Mitte Mai–Ende Okt. Sa, So 11–18 Uhr u. n. V.

Einkehr Café Oma Plüsch, im Mühlenhaus, Öffnungszeiten wie Mühle

Noch heute kann in Everdings Mühle Korn gemahlen werden.

Durch die Quakenbrücker Neustadt und den **Fußgängertunnel** nördlich des Bahnhofs gelangt man ins Zentrum von Quakenbrück zurück.

24 Celle mit Wietze und Wienhausen

Celle ist ein Juwel mit seinem Renaissance-Herzogschloss und den Fachwerkhäusern der Altstadt. Den Besuch einer Vorstellung im Celler Schlosstheater sollte man nicht versäumen, und Pferdefreunde zieht es im September zur Celler Hengstparade. Auf Radtouren im Allertal warten so gegensätzliche Attraktionen wie das Ölmuseum in Wietze und das Kloster Wienhausen mit seinen kostbaren gestickten Teppichen.

■ **Ausflugsart**
Rundgang, Radtour, Event
■ **Ausflugsdauer**
2 Tage
■ **Veranstaltungsort**
Celle
■ **Ausgangs-/Endpunkt**
Celle
■ **Bevorzugte Monate**
August, September
■ **Anfahrt**
Bahn: mindestens stündlich auf der Strecke Hamburg–Hannover, S-Bahn-Verkehr nach Hannover; Auto: A 7 Schwarmstedt 31 km; A 2, A 7 Mellendorf, Landstraße 22 km, A 7, A 37, B 3 27 km.
■ **Karten**
Aller-Radwegkarte 1:50 000, Verlag Publicpress
■ **Einkehr**
Historischer Ratskeller, Markt 14, Tel. 05141/290 99, www.ratskeller-celle.de, tägl. ab 10 Uhr; Café Kiess, Großer Plan 16, Tel. 05141/208 61 67, Mo–Sa 9–18, So 14–18 Uhr
■ **Hotelvorschläge**
Hotel Altstädter Tor, Kleiner Plan 4, Tel. 05141/934 09 60, www. altstaedtertorhotel.de; Pension an der Aller, Fritzenwiese 53, Tel. 05141/271 55, www.familiedehn.de
■ **Information**
Markt 14–16, Celle, Tel. 05141/12 12, www.touristinfo-celle.de, www.region-celle.de

Kurzer Rundgang durch Celle Der Celler Turmbläser erinnert täglich um 9.30 und 17.30 Uhr daran, dass vom Turm der **Stadtkirche St. Marien** ❶ nicht nur der Schall weit in die Runde geht, sondern dass es dort, nach 235 Treppenstufen, auch einen grandiosen Ausblick auf Celle mit seinem berühmten Schloss und den rund 400 denkmalgeschützten Altstadthäusern gibt (April–Okt. Di–Sa 10–11.45 und 14–16.45 Uhr). Wenn der 74 m hohe Kirchturm auch erst von 1913 stammt, so wurde der Grundstein der Marienkirche doch schon Anfang des 14. Jh. gelegt. Sie ist damit eines der ältesten Bauwerke der Stadt. In ihrem Innern lässt sich ein Teil der langen Stadtgeschichte verfolgen. Allein der **Altar** von 1613 greift mit seinen klappbaren Flügeln auf Formen des Mittelalters zurück, seine Verzierungen stammen aus der Renaissance, und die Vielzahl der Engel deuten schon die Barockzeit an. Die Fürstengruft (Führung Mi, Do 16 und 16.30 Uhr) und Epitaphe der Welfen vom 16. bis 18. Jh., von Herzog Ernst dem Bekenner (1494–1546) – er

In der schmalen Piltzergasse in der Celler Altstadt sitzt man gemütlich beim Kaffee, umgeben von prächtigen Fachwerkhäusern.

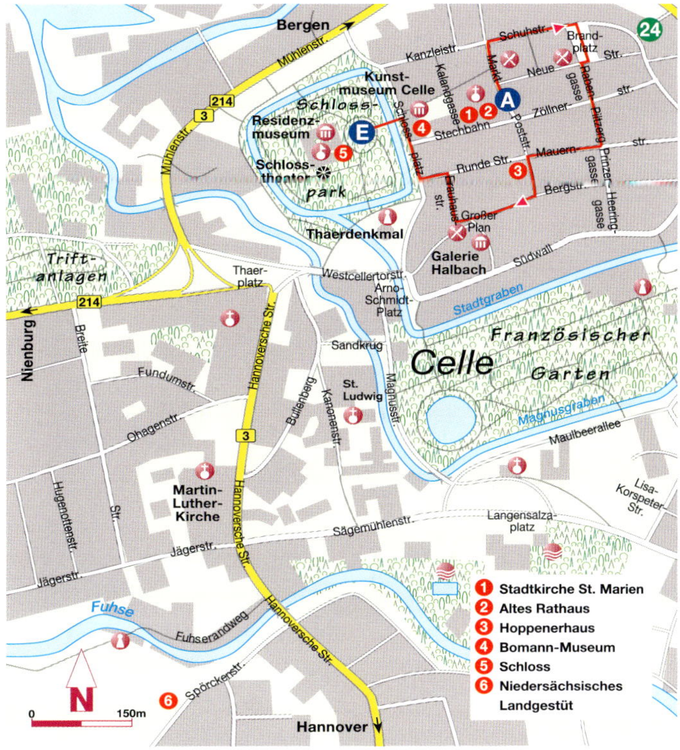

führte hier die Reformation ein – bis zum absolutistischen letzten Celler Herzog Georg Wilhelm (1624–1705), bezeugen, dass die Kirche auch Grablege der welfischen Herzöge war. Barockorgel, üppige Malereien und die Stukkaturen des italienischen Künstlers Giovanni Battista Tornielli verdankt die protestantische Kirche dem Herzogshaus. Das **Alte Rathaus** ❷ neben der Kirche zeigt die bürgerliche Seite der Stadt: An der Stelle wichtiger Handelswege zu Lande und zu Wasser und an der Furt durch die Aller blühte seit dem Mittelalter auch das Leben der Kaufleute – bis heute sichtbar an Hunderten prachtvoller **Fachwerkhäuser**. Schon ein kurzer Gang durch die im 16. Jh. regelmäßig angelegten und heute zumeist Fußgängern vorbehaltenen Straßen der Altstadt zeigt ein Kaleidoskop aus fantasievoll geschnitzten und bunt bemalten Balken. Als schönster Bau gilt das **Hoppenerhaus** ❸ von 1532 in der Poststraße. Die **Stechbahn**, wo einst Ritterturniere stattfanden, ist Celles zentraler Platz, an dem neben Rathaus, Stadtkirche und der **Löwenapotheke** von 1530 auch das 1892 gegründete **Bomann-Museum** ❹ mit Ausstellungen zur Landes- und Stadtgeschichte zu finden ist (Schlossplatz 7, Tel. 05141/12372, Di–So 10–17 Uhr, www.celle.de). Nebenan ist das moderne **Kunstmuseum Celle** mit Kunst seit dem 20. Jh. ein baulicher und thematischer Kontrapunkt (Schlossplatz 7, Tel. 05141/12685, Di–So 10–17 Uhr, www.kunst.celle.de), und auch außerhalb der Öffnungszeiten ist es ein interessantes Ausstellungsobjekt.

Linke Seite:
Das Bomann-Museum ist ein würdiger Hort von Gegenständen aus Kultur und Geschichte von Celle und seinem Umland. Den besten Überblick über die hübsche Residenzstadt erhält man vom Turm der Stadtkirche.

Beim Rundgang durchs Celler Schloss darf man das um die Mitte des 18. Jh. entstandene Paradezimmer nicht auslassen: Benutzt wurde es damals wie heute – zum Anschauen.

Celles auffälligstes architektonisches Prunkstück ist das **Schloss** 5, das auf einem grünen Hügel neben der Altstadt thront und vom Schlossgraben und einem Park umgeben ist. Seine Renaissancefassade verschleiert, dass Herzog Otto der Strenge hier schon 1292 einen Wehrturm mit fast 4 m dicken Mauern errichtete, auf denen zur Barockzeit Celles berühmtes und bis heute bespieltes **Schlosstheater** (Schlossplatz 1, Tel. 05141/905080, www.schlosstheater-celle.de, Restaurierung bis ca. 2012) seinen Platz fand. Residenz wurde Celle schon im 14. Jh.; ihren kulturellen Höhepunkt fand die Stadt unter Herzog Georg Wilhelm, dessen hugenottische Gattin Eléonore d'Olbreuse viele Künstler und Gelehrte vor allem aus Südeuropa hierher zog. Eine Schlossführung und das **Residenzmuseum** im Schloss offenbaren das herzogliche Leben durch die Jahrhunderte (Di–So 10–17 Uhr, www.residenzmuseum.de).

Mit dem Tod Georg Wilhelms fiel das Herzogtum an Hannover. Celle verlor seine Funktion als Residenzstadt, wurde aber Standort des obersten hannoverschen Gerichts, des Zuchthauses und des Landgestüts (1735). Bis heute sind die Nachfolger der drei In-

Tragische Liebe und das Celler Schloss

Zwei tragische Liebesromanzen, die reichlich Stoff für Romane lieferten, haben engen Bezug zum Celler Schloss: Die einzige Tochter des letzten Celler Herzogs, **Sophie Dorothea**, wurde 16-jährig mit ihrem Cousin, dem Erbprinzen Georg Ludwig von Hannover, vermählt – eine unglückliche Liaison. Ihr Verhältnis mit dem Grafen Philipp von Königsmarck wurde entdeckt, der Liebhaber ermordet, die Ehe 1695 geschieden und Sophie Dorothea auf Schloss Ahlden (an der Aller, 45 km westlich von Celle) verbannt, wo die »Prinzessin von Ahlden« nach 30-jährigem Hausarrest 1726 starb. Ihre Kinder machten Karriere: Der Sohn wurde Kurfürst von Hannover und dann als Georg II. König von England, ihre Tochter Sophie Dorothea d. J. heiratete den »Soldatenkönig« Friedrich Wilhelm von Preußen und ist die Mutter Friedrichs des Großen.

Caroline Mathilde, eine Urenkelin der Prinzessin von Ahlden, wurde mit dem dänischen König Christian VII. verheiratet und war seinem Leibarzt Johann Friedrich Graf von Struensee hörig. Nach der Hinrichtung ihres Liebhabers 1772 aus Dänemark verjagt, nahm sie Zuflucht im Celler Schloss, wo sie 1775 nur 24-jährig verstarb.

stitutionen in Celle beheimatet. Berühmt ist seit über 100 Jahren die alljährliche **Hengstparade** des **Niedersächsischen Landgestüts** ❻ an zwei Wochenenden Ende September/Anfang Oktober: Eine vierstündige Schau auf dem Paradeplatz vor der historischen Landgestüts-Kulisse hält Gäste aus nah und fern in Atem.

■ **Niedersächsisches Landgestüt** Spörckenstr. 10, Tel. 05141/92 94 15, Karten-Hotline Tel. 01805/99 44 01, www.landgestuetcelle.de

Auf dem Aller-Radweg zum Ölmuseum Wietze

Der 235 km lange **Aller-Radweg** zwischen Magdeburg (wo der Mittellandkanal auf die Elbe trifft) und Verden (wo die Aller in die Weser mündet) benutzt das breite, ebene **Urstromtal der Aller**, das als weite Abflussrinne während der beiden letzten Eiszeiten geprägt wurde. Der Halbtagesausflug nach Wietze benutzt gut 20 km dieses ausgeschilderten Radwegs südlich der Aller. Viele der eiszeitlichen Sandflächen außerhalb der Talaue wurden aufgeforstet, an mehreren Stellen sind die am Rand von Urstromtälern häufigen Dünen zu sehen. Wer in **Celle** nördlich der Aller in der Vorstadt **Klein-Hehlen** startet, quert den Fluss in Sichtweite des berühmten Celler Gefängnisses. Durch den Wald des nördlichen **Wietzenbruchs** erreicht man auf der Höhe von **Hambühren** das grüne Flusstal, man passiert in **Oldau** ein hundertjähriges Wasserkraftwerk und folgt der Radelstrecke bis westlich von **Wietze**; 1 km ostwärts ist man beim **Deutschen Erdölmuseum Wietze** angelangt.

Oben: Alljährlicher Höhepunkt im Niedersächsischen Landgestüt in Celle ist die Hengstparade im Herbst.

Unten: Radler am Aller-Radweg betrachten die Schiffspassagiere der »Wappen von Celle«.

In den **Ausstellungsräumen** des modernen Museums wird das Erdöl aus vielen Perspektiven betrachtet: Da kann man selbst per Knopfdruck die Produktionsschritte der Erdölraffinerie nachvollziehen, und man lernt den Alltag der Öl-Bergleute kennen oder die schier unglaubliche Bandbreite an Produkten, die aus dem Öl gewonnen werden. Das **Außengelände** zeigt Maschinenpark und Arbeitsalltag in der Förderstätte, eine alte **Feldbahn** kann man so-

gar noch benutzen. Interessant sind geführte Touren zu Fuß oder per Fahrrad zu früheren Industrieanlagen der Erdölwirtschaft in der weiteren Umgebung.

■ **Besichtigung** Deutsches Erdölmuseum Wietze, Schwarzer Weg 7–9, Tel. 05146/923 40, www.deutsches-erdoelmuseum.de, März–Nov. Di–So 10–17, Juni–Aug. 10–18 Uhr
■ **Einkehr** Buske's Hotel, Steinförder Str. 85, Steinförde-Wietze, Tel. 05146/14 62, www.buskes.de

Bei Führungen rattert man auch heute noch mit dieser Bahn durchs Außengelände des Deutschen Erdölmuseums.

Salz und Erdöl lagern unter Norddeutschland. Auch wo man das Salz nicht ausbeutete, schleppte es durch seine unterirdischen Bewegungen Erdschichten aus der Tiefe empor und ließ stellenweise Erdöl auf natürliche Weise an der Erdoberfläche austreten. Das schwarze »Zeug« verkauften die Bauern schon vor Jahrhunderten als Wagenschmiere; in der Medizin nutzte man das Naturprodukt als Zugsalbe bei Entzündungen. Im Industriezeitalter begann der Siegeszug des Erdöls: In Wietze fanden 1858 die ersten Bohrungen statt und an die 2000 bis zum Ende der Ausbeutung 1963. Insgesamt wurden hier 3 Millionen t Erdöl gefördert.

Auf zur erfrischenden Kanutour auf der Aller!

Für die Rückfahrt nach Celle kann man nördlich von **Jeversen** die Aller überqueren und dann auf der Nordseite des Flusses über **Winsen** (Aller) auf der Landstraße im Allertal nach Celle zurückfahren (30 km).

■ **Tipp** AllerLeih Bootsvermietung, Fritzenwiese 49, Tel. 05141/993 92 16, www.allerleih-celle.de, Juni–Sept. tägl. 10–19.30, Mai 10.30–18 Uhr

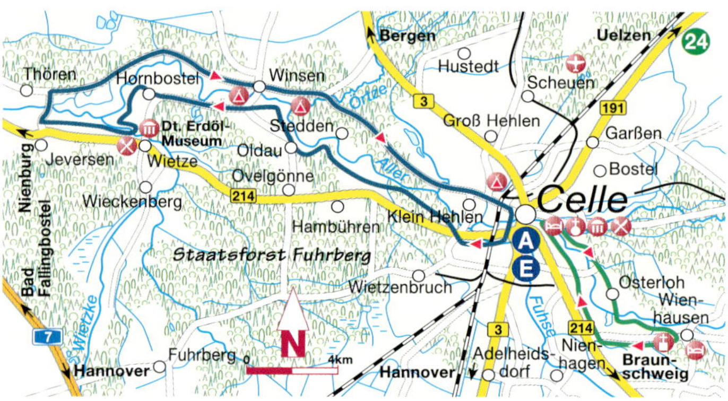

Von Celle zum Kloster Wienhausen

Dieser Halbtagesausflug führt alleraufwärts. Nur 10 km liegt **Wienhausen** von Celle entfernt. Wer gern wandert, kann die abwechslungsreiche Strecke entlang den gemütlichen Flusswindungen auch zu Fuß gehen (Bus-Rückfahrt möglich). Der **Allerradweg** ist in Celle nördlich des

Flusses ausgeschildert, vorbei an der Dammaschwiese und dem Albrecht-Thaer-Haus: Hier begründete der Celler Albrecht Thaer (1752–1828) mit seinen Versuchsfeldern die moderne Agrarwissenschaft.

Traumhafte Stimmung herrscht im Frühjahr auf dem Klostergelände von Wienhausen, wenn tausende von Blausternen blühen.

Am Südufer schaut das Dorf **Altencelle** herüber, Celles ursprünglicher Standort. Der Fluss wird westlich von **Wienhausen** überquert. Nördlich des Dorfkerns findet man das berühmte **Kloster Wienhausen**. Agnes, Schwiegertochter Heinrichs des Löwen, gründete es 1225 als Zisterzienserinnenkloster. Die kostbarsten Bauten stammen aus dem 14. Jh., zu bewundern sind u. a. die **Wandmalereien** im Westflügel des Nonnenchors. Größte Attraktion des Klosters sind die im 14. und 15. Jh. von den Nonnen geschaffenen **Bildteppiche**. Ein aufsehenerregender Fund wurde 1953 unter dem alten Klostergestühl gemacht: Zum Vorschein kamen neben kostbaren Gegenständen auch Brillen des 14. Jh.

Die größten Schätze des Klosters Wienhausen sind seine Bildteppiche, die vom 13. bis zum 16. Jh. entstanden. Mit Wolle auf Leinen stickte man im sog. »Klosterstich« – auch heute kann man diese alte Kunst im Kloster erlernen.

Als Herzog Ernst der Bekenner die Reformation einführte, verlor das Kloster einen erheblichen Teil seiner Güter; die Äbtissin wehrte sich vehement gegen die Enteignung. 1587 wurde die erste evangelische Äbtissin gewählt. Heute hat das Kloster etwa zehn Konventualinnen. Unter ihrer Führung erfahren die Gäste den interessanten Werdegang des Klosters bis zum heutigen Tag. Die berühmte Teppichsammlung und weitere Funde sind im **Winterrefektorium** ausgestellt. Zur **Teppichwoche** im Mai/Juni finden auch hier Führungen statt, während der übrigen Saison stehen Audioguides zur Verfügung.

Über Altencelle kehrt man nach Celle zurück.

■ **Info** Verkehrsverein Flotwedel in Wienhausen, Hauptstr. 7, Tel. 05149/88 97 u. 88 99, www.wienhausen.de

■ **Einkehr** Kloster Kaffee im Hotel Am Kloster Wienhausen, Mühlenstr. 6–7, Tel. 05149/18 55 50, www.hotel-wienhausen.de, Mo–Sa 14–18, So 11–18 Uhr, Okt.–April Mi Ruhetag

■ **Besichtigung** Kloster Wienhausen, An der Kirche 1, Tel. 05149/186 60, www.kloster-wienhausen.de, Führungen April–Ende Okt., April–Sept. Di–Sa 11, 12, stdl. 14–17, Okt. 11, 12, 14–16 Uhr

25 Wolfsburg – von der Ritterzeit bis zur Zukunft des Automobils

Wer Wolfsburg besucht, ist an wenigstens drei Orten zugleich: Da ist das Volkswagenwerk mit dem vielseitigen Freizeitpark Autostadt; da ist die moderne Stadt Wolfsburg mit zeitgenössischer Architektur und reichem Kultur- und Shoppingangebot für 120 000 Einwohner und jährlich Millionen von Gästen; und da ist schließlich das Dreigestirn historischer Burgen und Schlösser, die wie Zeitfenster Blicke in die Vergangenheit erlauben: Schloss Wolfsburg, Schloss Fallersleben und die Wasserburg Neuhaus.

■ **Ausflugsart**
Besichtigungen, Radtour
■ **Ausflugsdauer**
2–3 Tage
■ **Ausgangs-/Endpunkt**
Wolfsburg
■ **Bevorzugte Monate**
Juni, Oktober
■ **Anfahrt**
Bahn: stündl. ICE-Halt auf der Strecke Hannover–Berlin; Auto: A 2/ A 29
■ **Karten**
Stadt Wolfsburg 1:25 000, Elbe-Havel Stadtplanverlag; Radwanderkarte Wolfsburg 1:50 000, BVA Bielefelder Verlag
■ **Einkehr**
atelier café, An der St.-Annen-Kirche, Tel. 05361/122 19, 9–22 Uhr, Di Ruhetag; TachoMeter, KundenCenter der Autostadt, Tel. 0800/611 66 00, www.autostadt.de, tägl. 8.30–18 Uhr
■ **Hotelvorschläge**
Alter Wolf, Schlossstr. 21, Tel. 05361/865 60, www.alter-wolf.de; Hotel Primas, Alessandro-Volta-Str. 18, Tel. 05361/200 40, www.hotel-primas.com
■ **Information**
Willy-Brandt-Platz 3 (im Bahnhof), Tel. 05361/89 99 30, www.wolfsburg-marketing.de

■ **Autostadt**, Stadtbrücke, Tel. 0800/288 67 82 38, www.autostadt.de, tägl. 9–18 Uhr, Restaurants 9–23 Uhr

Volkswagenwerk und Autostadt Vom Bahnhof Wolfsburg erreicht man die **Autostadt**, das Herz des VW-Konzerns, rasch zu Fuß über die aussichtsreiche **Stadtbrücke**, die schräg über den **Mittellandkanal** geführt wird. Von oben kann man schon mal Autofahrern auf dem **Geländeparcours** zuschauen, wie sie trickreiche Hindernisse meistern. Das riesige Empfangsgebäude **KonzernForum** dient der Kundeninformation und enthält umfangreiche Ausstellungen zu verschiedenen Themen – Konzernphilosophie,

Die durchgestylte Autostadt demonstriert die Moderne des VW-Konzerns.

Autodesign u. a. m., bis hin zu Schulungsräumen und Experimentierwerkstätten, einem Shop und fünf Restaurants.

Von der Rückseite des imposanten Baus überblickt man die parkartige Anlage der Autostadt, erfrischend gegliedert durch viele künstliche Wasserläufe, Seen und perfekt gepflegte Rasenflächen. Das **ZeitHaus** erlaubt eine Wanderung durch die Autogeschichte mit 200 blank geputzten Autos von mehr als 50 Herstellern. Während sich die Marke Volkswagen hier zurückhält, sind die folgenden individuell gestalteten Pavillons den Produkten des Konzerns gewidmet, die die unterschiedlichen Lebensgefühle von **Seat**, **Škoda**, **Lamborghini**, **Audi** und **VW** zu vermitteln versuchen. Im **Premium Clubhouse** findet man Ikonen der Autowelt kunstvoll inszeniert, wie den Bugatti Veyron 16.4. Der »normale« Autokäufer erlebt einen festlichen Augenblick im **KundenCenter**, wenn er seinen bestellten Wagen abholt. Dieser war vorher in einem der beiden gläsernen, 48 m hohen **AutoTürme** geparkt; Besuchern bieten sie eine großartige Aussicht auf die Autostadt. Hierzu zählt auch das Fünf-Sterne-Hotel **The Ritz Carlton**, dessen Restaurant **Aqua** mit drei Michelin-Sternen geadelt wurde. Gegenüber der kreisförmigen Hotelanlage ragen die vier historischen Schlote des **VW-Werks** in die Höhe. **Werks-**

Die VW-Autostadt

Der Erlebnispark Autostadt neben dem über 3 km langen VW-Werksgelände am Mittellandkanal lockt seit dem Jahr 2000 über zwei Millionen Menschen jährlich in dieses Schaufenster der Weltfirma. Es ist gleichzeitig ein Kundenzentrum, es vermittelt Kunst ebenso wie Bildung und Unterhaltung – die vielfältigen Anregungen dürften selbst eingefleischte Radler und Wanderer nicht kalt lassen. Empfehlenswert für Autofans: die Zweitages-Eintrittskarte und Vorausbuchung von Trainingsfahrten und Führungen.

Futuristisch wirkt die Zufahrt zu den AutoTürmen der Autostadt, während die vier Schornsteine des alten Kraftwerks die Tradition des VW-Werks beschwören.

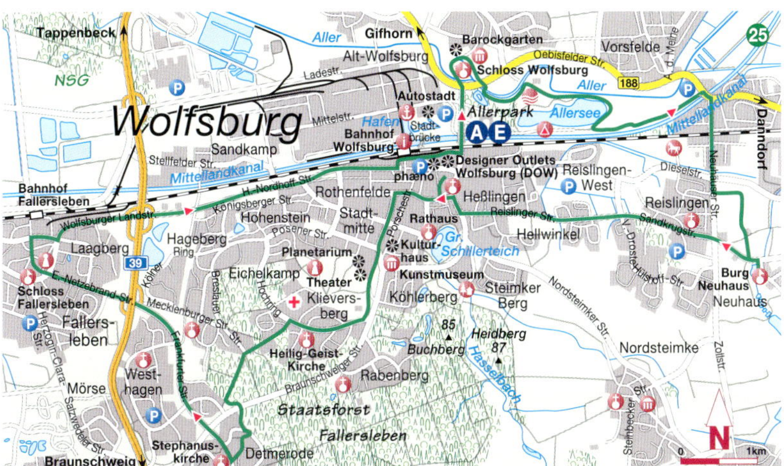

besichtigungen, **Schiffstouren** auf dem Kanal, **Fahrtraining** für Jung und Alt (vorherige Anmeldung oder vor Ort im Empfangsgebäude) und eine Fülle hochkarätiger **Kulturveranstaltungen** machen die Autostadt zu einem überaus vielseitigen Besuchsziel.

Wolfsburgs qualitätvolle Stadtarchitektur Als nach dem Zweiten Weltkrieg in Wolfsburg die Massenproduktion von Autos in Angriff genommen wurde, entwickelte sich mit dem Erfolg des Volkswagenwerks auch die moderne **Stadt Wolfsburg**. Ein Kaleidoskop hochinteressanter moderner Bauten des 20. und 21. Jh. erlebt man schon bei einem kurzen Spaziergang durch die Innenstadt. Direkt südlich der Stadtbrücke schwebt seit 2005 wie ein riesiger Wal aus Beton das **phæno** über dem Erdboden. Außen wie innen vermittelt diese Kreation der Stararchitektin Zaha Hadid ein ganz neues Raumgefühl, genau das Richtige für den Zweck des Hauses: Hier lernt und staunt jeder über Natur-Phänomene, vorgeführt an 300 Mitmachstationen oder im Wissenschaftstheater.

Die Stararchitektin Zaha Hadid schuf mit »phæno«, dem Wissenschafts- und Technikzentrum für jedermann, eins der aufregendsten Baukunstwerke der Moderne.

■ **phæno**, Willy-Brandt-Platz 1, Tel. 0180/106 06 00, Di–Fr 9–17, Sa, So, Fei und tägl. in den Schulferien Niedersachsens 10–18 Uhr

Gleich nebenan gibt es seit 2007 die **Designer Outlets Wolfsburg** (DOW): In den rund vier Dutzend Trend-Shops und Boutiquen von Markenkleidung bis Küchenaccessoires sind Schnäppchen garantiert (www.designeroutlets-wolfsburg.de, Mo–Sa 10–19; an verkaufsoffenen So 13–18 Uhr)!

Wolfsburgs seit 1983 bestehendes Planetarium wurde 2010 mit allerneuester Technik wiedereröffnet.

Die rund 1,5 km lange **Porschestraße** ist Wolfsburgs zentrale Fußgängerzone. Gleich neben dem **Rathaus** mit seinem klangvollen Glockenspiel leisteten sich die Wolfsburger ein **Kulturhaus**, dessen Handschrift von innen und außen der finnische Architekt Alvar Aalto trägt (1962). Nebenan schuf 1989 Peter Schweger den schlichten Bau des **Kunstmuseums**, das nicht selten mit aufsehenerregenden Wechselausstellungen brilliert (Hollerplatz 1, www.kunstmuseum-wolfsburg.de, Di 11–20, Mi–So 10–18 Uhr). Die Porschestraße grenzt im Süden an den grünen Hügel des Klieversbergs, wo das auffällige **Planetarium** (1983; Tel. 05361/899 93 20, www.planetarium-wolfsburg.de, Mi 14–18, Fr–So 14–19.30, So auch 10–12 Uhr) und der lang gestreckte Bau des **Theaters Wolfsburg** (Architekt Hans Scharoun, 1973) ihren Platz gefunden haben (www.theater-wolfsburg.de).

Das im Kern mittelalterliche Schloss Wolfsburg erhielt in der Renaissance seine heutige Form und gab erst nach dem Zweiten Weltkrieg der 1938 gegründeten Stadt den Namen.

Fahrradausflug zu Wolfsburgs Geschichte Auf dem **Aller-Radweg** (s. S. 133) fährt man nur 1 km nördlich vom Mittellandkanal vorbei an der Autostadt zur Linken und der **Volkswagen Arena** zur Rechten bis zum **Schloss Wolfsburg**. Wo heute die **Städtische Galerie** eine beachtliche Sammlung deutscher Kunst nach 1945 präsentiert und der **Kunstverein** interessante Wechselausstellungen, war einst der Sitz der Ritter von Bardensleben, später der Grafen von Schulenburg. Aus der Ritterburg des 14. Jh. – von ihr ist noch der Bergfried erhalten – wurde im 16. Jh. ein repräsentatives Schloss im Stil der Weser-Renaissance. In der Vorburg, mit schönem Blick auf die alten Burgfassaden, befindet sich ein Restaurant. In den Remisen nebenan ist das **Stadtmuseum** zu Hause. Ein kleiner **Barockgarten** und ein umfangreicher **Englischer Park** umgeben die stattliche Schlossanlage.

■ **Besichtigung** Städtische Galerie, Schlossstr. 8, Tel. 05361/82 85 10, www.staedtische-galerie-wolfsburg.de, Di 13–20, Mi–Fr 10–17, Sa 13–18, So 11–18 Uhr; Kunstverein Wolfsburg, Tel. 05361/674 22, www.kunstverein-wolfsburg.de, Mi–Fr 10–17, Sa 13–18, So 11–18 Uhr; Stadtmuseum, Schlossstr. 8 (Remise), Tel. 05361/82 85 40, www.wolfsburg.de, Di–Fr 10–17, Sa 13–18, So 11–18 Uhr
■ **Einkehr** Schlossremise Wolfsburg, Schlossstr. 6, Tel. 05361/86 77 77, www.schlossremise.wolfsburg.de, Di, Mi, Sa, So 8.30–22.30, Do, Fr 11.30–22.30 Uhr

Die Porschestraße führt als zentrale Achse durch das moderne Wolfsburg; auch im Winter lockt sie viele Shoppingfreunde in die Stadt.

Die **Aller** fließt am **Schlosspark** entlang, ihr folgt man flussaufwärts durch das vielseitige Sport- und Grüngelände des **Allerparks**. Dort hat nicht

Eine schöne Kulisse bildet das Wolfsburger Schloss für Spaziergänger und Wassersportler im Allerpark.

nur der erfolgreiche VfL Wolfsburg seine schicke VW-Arena, sondern Sport- und Spielangebote für jedermann liegen hier hübsch im Grünen zwischen Aller und Mittellandkanal verteilt. Das Angebot reicht vom WakePark bis zu Eisarena und Schwimmhalle, vom Bowlingcenter zu Hochseilgarten und Indoor-Spielpark: Die Stadt ist mit Sportanlagen bestens ausgestattet (gesamtes Angebot s. www.allerpark.net).

■ **Einkehr** Kolumbianischer Pavillon, Allerpark 12, Tel. 05361/843 40 98, www.kolumbianischerpavillon.de, tägl. ab 9 Uhr, Okt.–März nur Di–So

Wo man am Ostende des Allerparks auf die Helmstedter Straße trifft, überquert man den Mittellandkanal, wendet sich dann auf der Neuhäuser Straße nach Süden und biegt 1,5 km weiter in die Sandkrugstraße ostwärts ab. Schon bald ist die mittelalterliche **Burg Neuhaus** erreicht. Bei dieser wuchtigen Wasserburg fällt es nicht schwer, sich die Ritter in ihren Rüstungen vorzustellen, wie sie gerade in den Burghof einreiten!

■ **Besichtigung** Burg Neuhaus, Burgallee, Wolfsburg-Neuhaus, Tel. 05363/400 17, www.burg-neuhaus.de, Feb.–Okt. So 14–17, sonst So 14–16.30 Uhr

■ **Einkehr** An der Wasserburg, An der Wasserburg 2, Wolfsburg-Neuhaus, Tel. 05363/94 00, www.an-der-wasserburg.de, Mo–Sa 11–14, 18–22, So 17–22 Uhr

Besucht man das **Museum** (nur So!) im Südturm der sorgfältig restaurierten Burg, wird die verzwickte Geschichte der Wolfsburger Gegend seit dem Mittelalter deutlich: Das Alte Haus, eine Burg in der Nähe, war im 14. Jh. bei Kämpfen verloren gegangen. Die Burg Neuhaus hatte nun die Aufgabe, die Handelswege, die hier vorbeiführten, und das Territorium des Braunschweiger Welfenhauses zu schützen. Feinde gab es viele in diesem Grenzgebiet: Brandenburg, Magdeburg und Lüneburg sowie die Herren der Wolfsburg im Allertal paktierten mal mit diesem, mal und mit jenem …

Die dritte Schlossanlage auf Wolfsburger Gebiet liegt westlich des Zentrums. Kehrt man über die ehemaligen Dörfer **Reislingen** und

Eine Stadt entsteht

Der Landbesitz des Wolfsburger Schlossgutes wurde in der Nazi-Zeit zu großen Teilen zugunsten des Autowerks enteignet, wo der »KdF-Wagen« – geplant als ein für jeden Deutschen erschwingliches Auto – entstehen sollte. Das Schloss verkaufte der Graf 1938 an die »Stadt des KdF-Wagens« – erst 1945, nach Kriegsende, wurde diese Stadt nach dem Schloss Wolfsburg benannt. Dann begann auch erst eine nennenswerte Autoproduktion des schon seit 1934 von Ferdinand Porsche entwickelten Volkswagens.

Heßlingen mit ihren modernen Wohnsiedlungen im Grünen ins Zentrum zurück, passiert man die **St.-Annen-Kirche** (Besichtigung im Rahmen von speziellen Stadtführungen) gegenüber dem alten VfL-Stadion. Die romanische Kirche von 1250 ist aus grobem Bruchstein gemauert und diente wahrscheinlich als Wehrkirche. Ein Friedhof und wenige krumme Sträßchen mit **Fachwerkbauten** des alten Heßlingen schließen sich an: Hier findet man in Wolfsburg einen Rest nostalgisches, dörfliches Ambiente, bevor ein paar Meter weiter die moderne Porschestraße erreicht ist.

Umrundet man den grünen, 89 m hohen Klieversberg auf der Südseite, passiert man nahe dem **Congress Park** einen weiteren Bau von Alvar Aalto: die **Heiliggeistkirche** von 1962 (Röntgenstraße 81, Tel. 05361/497 32). Aalto-Fans machen einen Abstecher nach **Detmerode**, um dort den strahlend weißen Bau von Aaltos 1968 fertiggestellter **Stephanuskirche** mit Gemeindezentrum (Detmeroder Markt 6, www.stephanus-wolfsburg.de) zu besuchen.

Der finnische Stararchitekt Alvar Aalto schuf einige beachtliche Bauten für Wolfsburg, hier: die Stephanuskirche im Stadtteil Detmerode.

Fallersleben war ein Marktflecken, als der Herzog von Braunschweig-Lüneburg 1551 dort ein **Residenzschloss** errichtete, das später als Verwaltungsgebäude diente. Über Jahrhunderte war der Ort eigenständig, erst 1972 wurde er Wolfsburg eingemeindet. Kein Wunder, dass Fallersleben mit seinen schön restaurierten Fachwerkhäusern und der klassizistischen **Michaeliskirche** (Schlossplatz 2) der malerischste Ortsteil der VW-Stadt ist. Das **Museum** im Schloss ist dem bekanntesten Sohn Fallerslebens gewidmet: **August Heinrich Hoffmann** (1798–1874), der zur Unterscheidung von anderen Zeitgenossen gleichen Namens dem seinigen »von Fallersleben« anhängte. Der umtriebige Germanistikprofessor dichtete 1841 auf der damals englischen Insel Helgoland (s. S. 20) den Text der deutschen Nationalhymne.

■ **Besichtigung** Hoffmann-von-Fallersleben-Museum, Schloss Fallersleben, Tel. 05361/82 85 50, www.wolfsburg.de, Di–Fr 10–17, Sa 13–18, So 11–18 Uhr
■ **Einkehr** Altes Brauhaus zu Fallersleben, Schlossplatz, Tel. 05362/31 40, www.brauhaus-fallersleben.de

Orts- und Sachregister

Ebenfalls erhältlich ...

ISBN 978-3-7654-5468-4

ISBN 978-3-7654-5442-4

ISBN 978-3-7654-5443-1

ISBN 978-3-7654-5178-2

Die Welt neu entdecken

BRUCKMANN

Im Buchhandel oder
unter www.bruckmann.de

www.bruckmann.de

Impressum

Unser komplettes Programm:

www.bruckmann.de

Produktmanagement: Claudia Hohdorf
Lektorat, Dr. Peter Kruck, Bottrop
Layout: Medienfabrik GmbH, Stuttgart
Kartografie: Heidi Schmalfuß, München
Repro: Cromika s.a.s., verona
Herstellung: Thomas Fischer
Printed in Italy by Printer Trento S.r.l.

Alle Angaben dieses Werkes wurden von der Autorin sorgfältig recherchiert und auf den aktuellen Stand gebracht sowie vom Verlag geprüft. Für die Richtigkeit der Angaben kann jedoch keine Haftung übernommen werden.
Für Hinweise und Anregungen sind wir jederzeit dankbar.
Bitte richten Sie diese an:
Bruckmann Verlag
Postfach 40 02 09
D-80702 München
E-Mail: lektorat@verlagshaus.de

Bildnachweis:
A. Hamann, 82, 83o.; A. Nehring, S. 65; Archäologisches Landesamt Schleswig, S. 46; Archiv Nordseeheilbad Cuxhaven GmbH, S. 10, 24, 25, 26o., 26u.; B. Blase, S.63o.; BIG-Städtebau Mecklenburg-Vorpommern, S. 93o.; BIS Bremerhaven Touristik, S. 28, 30, 31, 33; Ch. Nahr, S. 83u.; Deutsche Wildtier Stiftung/T.Martin, S. 88u., 89; Frauke Engert, S. 29, 31o., 32; frs.de, S. 7; Glückstadt Destination Management GmbH, S. 104, 105, 106o., 107; Hansestadt Anklam/ Lilienthal-Museum, S. 88oli.; Hendrik Silbermann, S. 96, 97li., 97re., 98, 99; I. Stodian, S. 60, 62; Insel Sylt Tourismus-Service GmbH, westerland.de, S. 18; Island-Gestüt Bockholts-Hoff, S. 119o.li., 119o.re.; Jürgen Becker, S. 90, 91, 92; Kurverwaltung Helgoland, 21, 22o., 22, u.; Kurverwaltung Wangerooge, S. 36u., 37o., 37u.; L. Marxer, S. 61; Landesamt für Kultur und Denkmalpflege, Abt. Archäologie und Denkmalpflege, Schwerin, S. 84; LTM/Hans-Weding-Müller, S. 50; LTM/H-W Müller, S. 52o.; LTM/Torsten Krüger, S. 51, 52u., 53o., 53m., 53u.; Lüneburg Marketing GmbH, S. 111li., 111re., 112, 113; Meyer Werft, S. 121; Nordseebad Carolinensiel-Harlesiel, S. 35o., 35u., 36o.; Oliver Franke, idee stampe GmbH, 44, 45, 108; Ostseefjord Schlei GmbH/ B. Pries, S. 48o., 48u., 49; Ostseefjord Schlei GmbH/ I. Lau, S. 47; P. Köster/Tourist-Info Eutin, S. 78o., 78/79u., 79li., 79re.; Papenburg Tourismus, S. 4, 120; Reederei Cassen Eils, helgolandreisen.de, S. 20; Reederei Ostsee-Tour Sassnitz, S. 67u.; Regionaler Fremdenverkehrsverband Vorpommern e.V., S. 86, 88o.re.; Tourismuszentrale Rügen, S. 2, 12/13, 63u., 66, 67o., 680., 68u., 69, 70o., 70u., 71; Schneverdingen Touristik, S. 116, 117, 118, 119u.; SHBT, S. 6; Stadt Neustrelitz/Petra Ludewig, S. 93u.; stern-wywiol-gruppe.de/Henning Angerer, S. 8, 103; Susanne Evers, S. 101o., 101u., 102; Sylt Marketing GmbH, 14, 16, 17, 19; Tassilo Wengel, S. 100; Theater Anklam, S. 2, 87; Tourismus Region Celle GmbH, S. 130, 131, 132, 133o., 133u., 134o., 134u., 135o., 135u. ; Tourismus-Service Wenningstedt-Braderup GmbH & Co. KG, S. 15; Tourist Info Großer Plöner See, S. 80o., 80u., 81o., 81u.; TZRW/Holger Martens, S. 54; TZRW/Irma Schmidt, S. 59u.; TZRW/Nordlicht, S. 55; TZRW/René Legrand, S. 59o.; Ulrich Appels, S. 114, 115o., 115u.; Volker Schrader, 56li., 56re., 57; VZN, S. 94u., 95; Wilstermarsch Service GmbH, S. 11, 109; Wirtschaftsagentur Artland GmbH, S. 124, 125, 126, 127, 128, 129; Wolfgang Bücker, S. 106u.; Wolfsburg Marketing GmbH, S. 136, 137, 138o., 138u., 139o, 139u., 140, 141; www.kloster-dobbertin.de/Foto Hildebrandt, S. 85; www.ostfriesland.de, S. 5, 9, 38, 39, 40o., 40u., 41, 42, 43, 122o., 122u., 123; www.usedom.de, S. 72, 73, 74o., 74 m., 74u., 75, 76, 77

Umschlagvorderseite: Typisch norddeutsch: Reetdachhaus am Rapsfeld (Hans-Peter Dehn/Pixelio)
Umschlagrückseite: Wattwagen und Wattwanderer auf dem Weg von Cuxhaven-Duhnen nach Neuwerk

Die Deutsche Nationalbibliothek verzeichnet diese Publikation in der Deutschen Nationalbibliografie; detaillierte bibliografische Daten sind im Internet über http://dnb.d-nb.de abrufbar.

ISBN 978-3-7658-5441-7